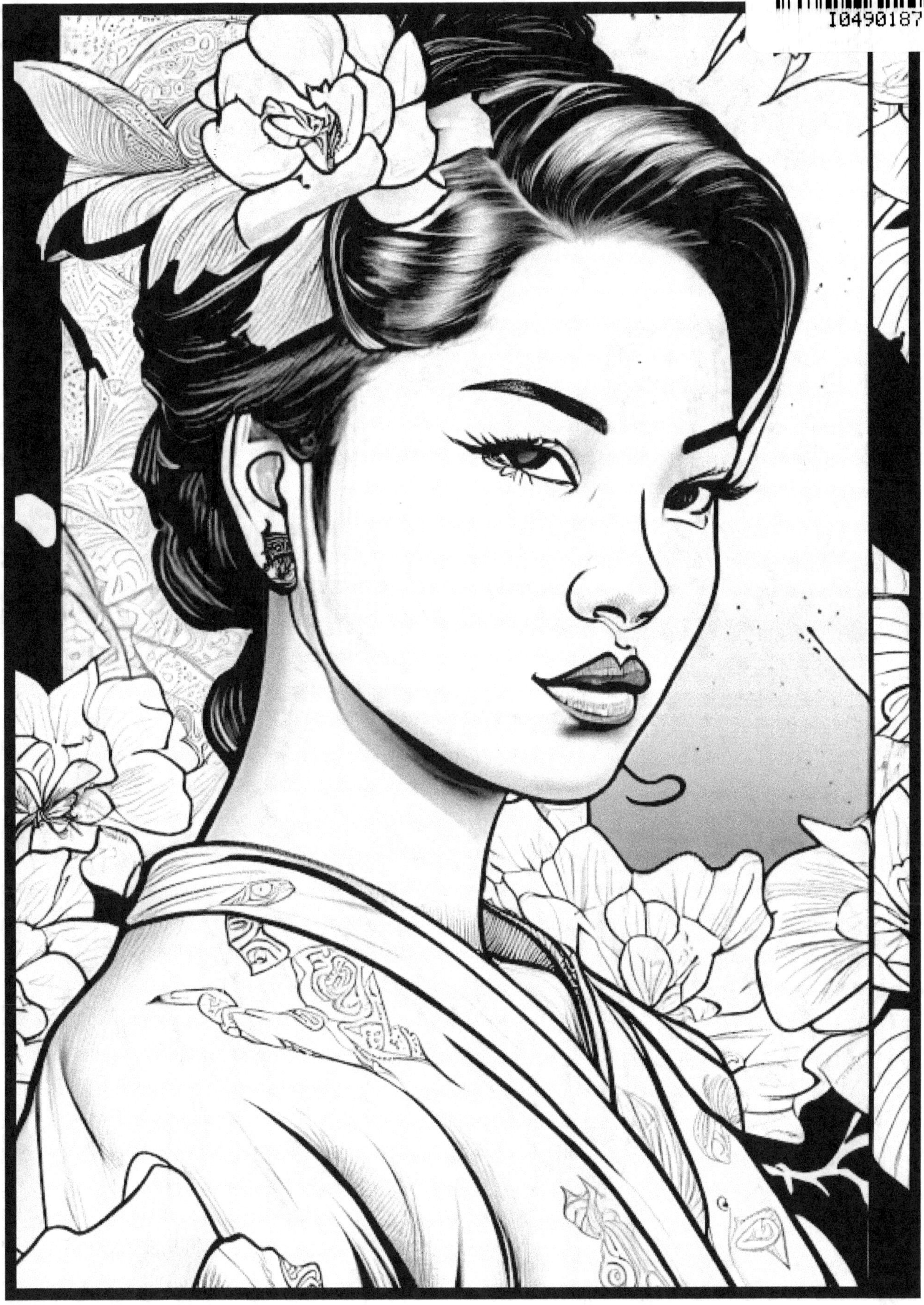

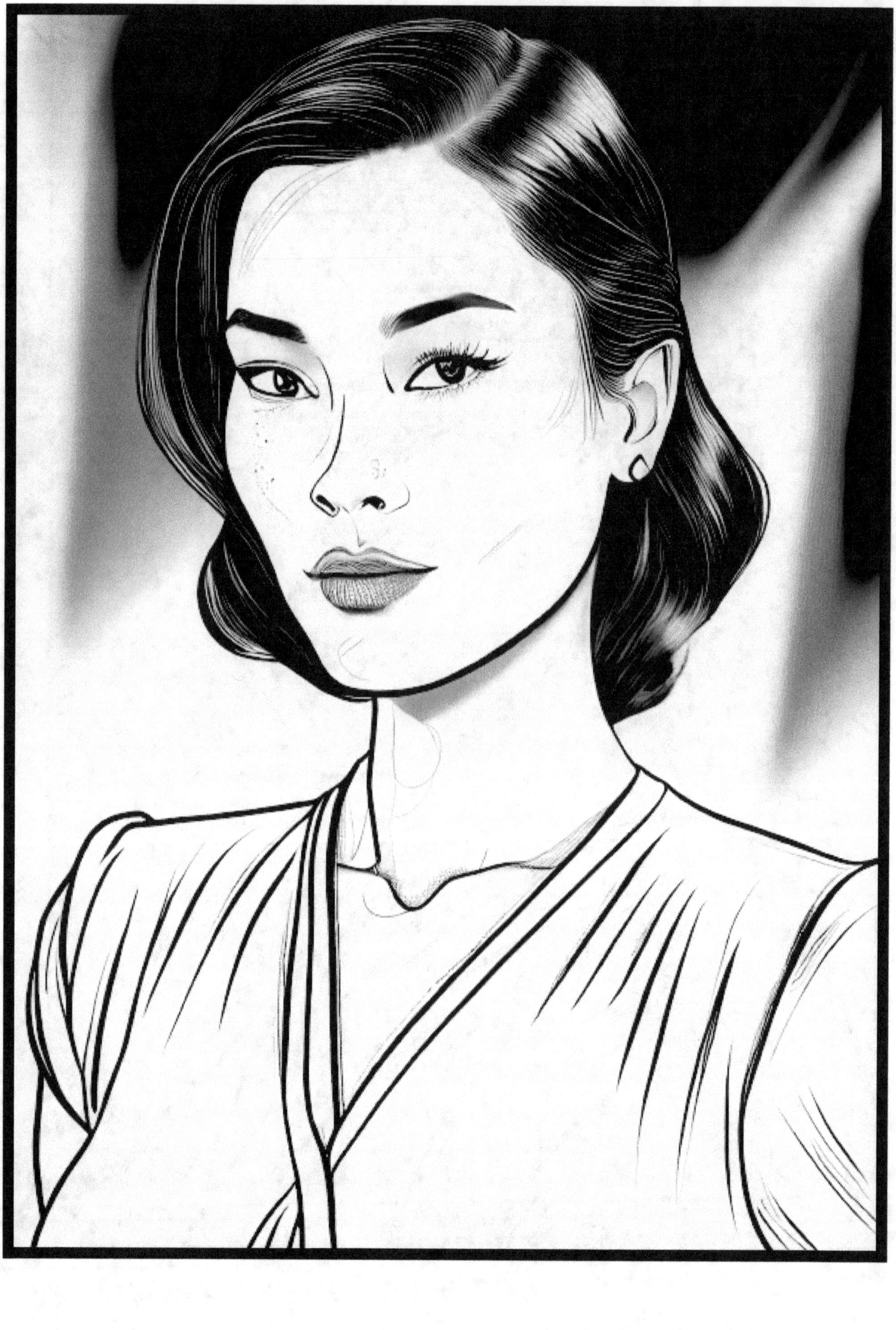

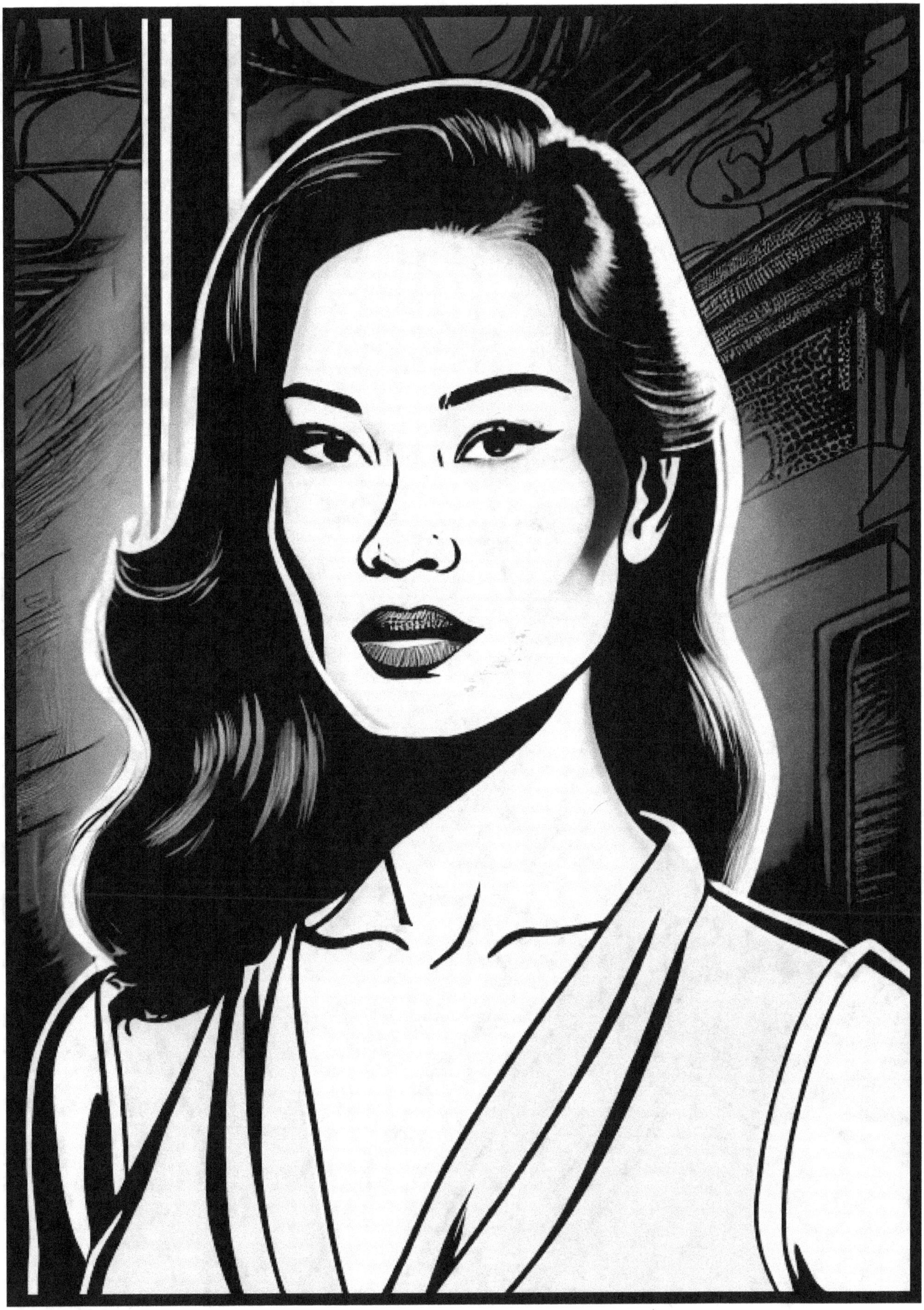

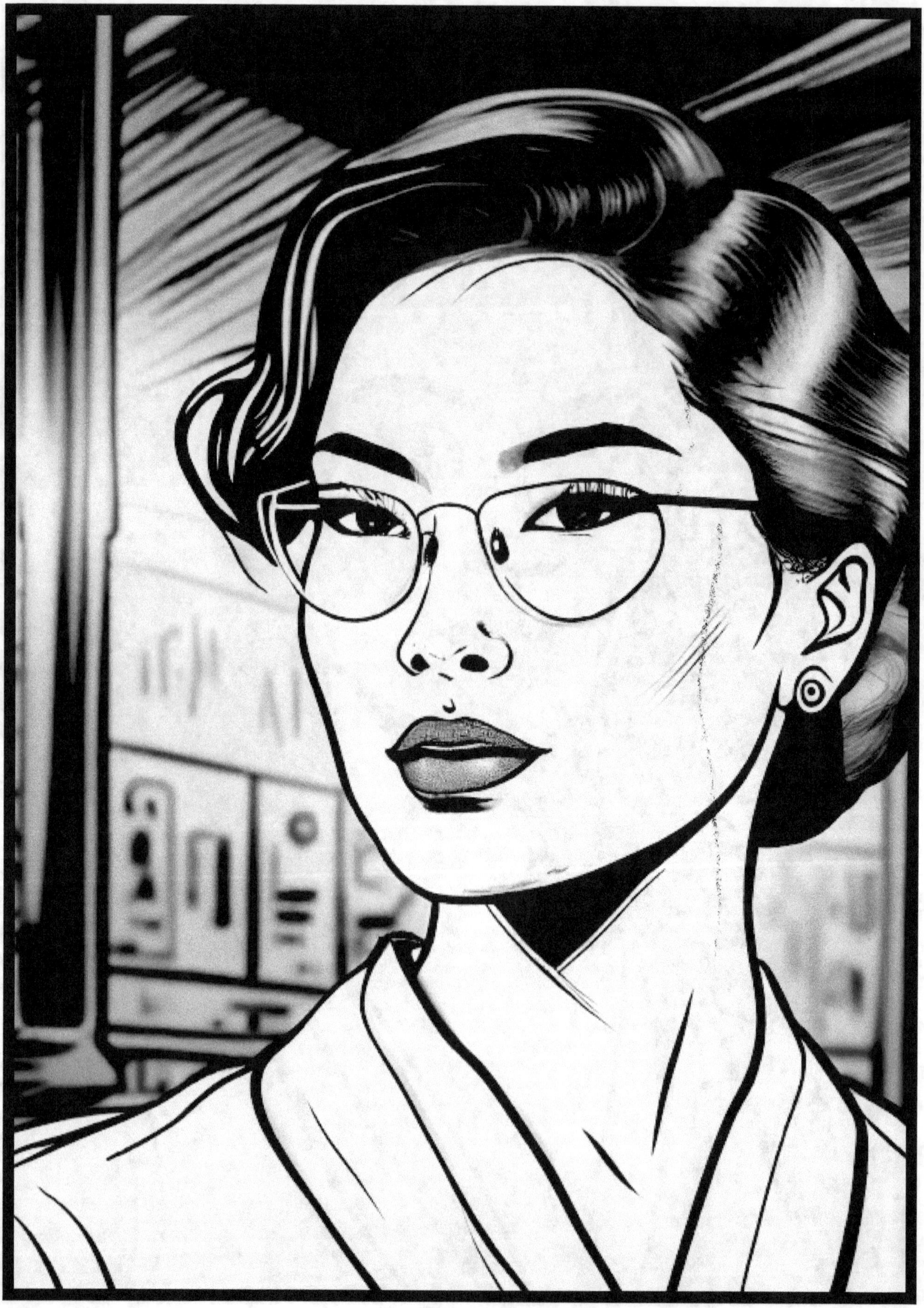

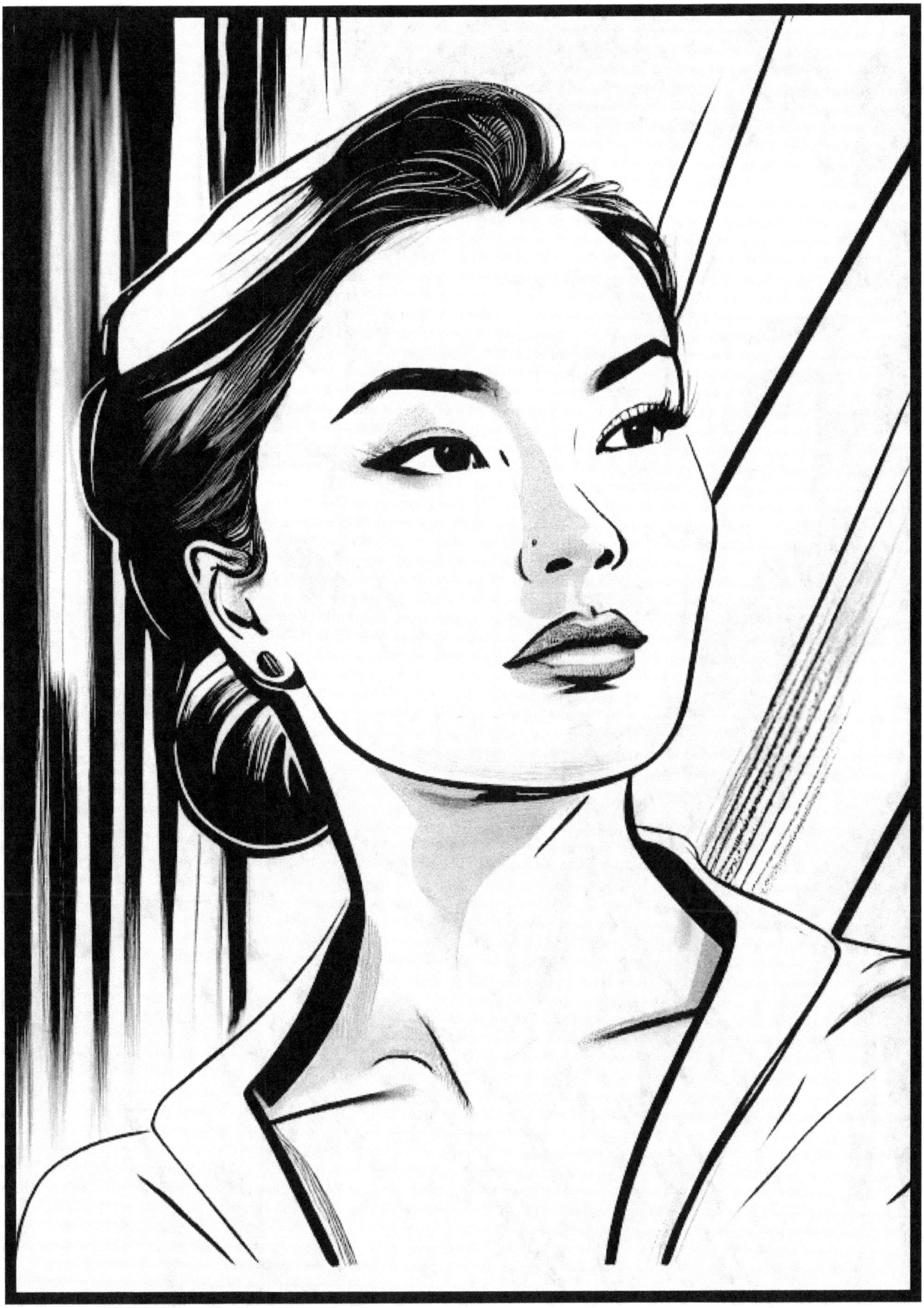

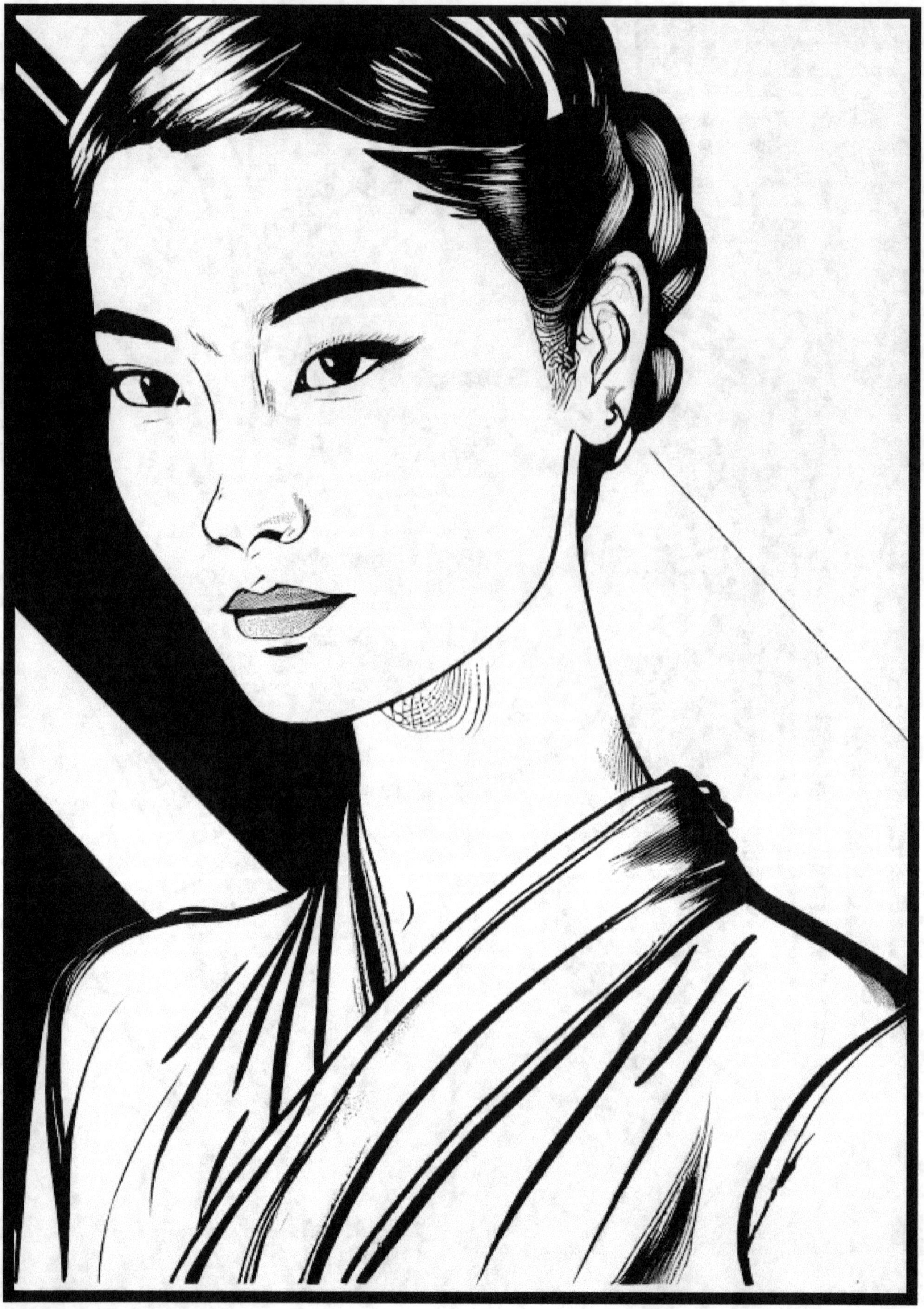

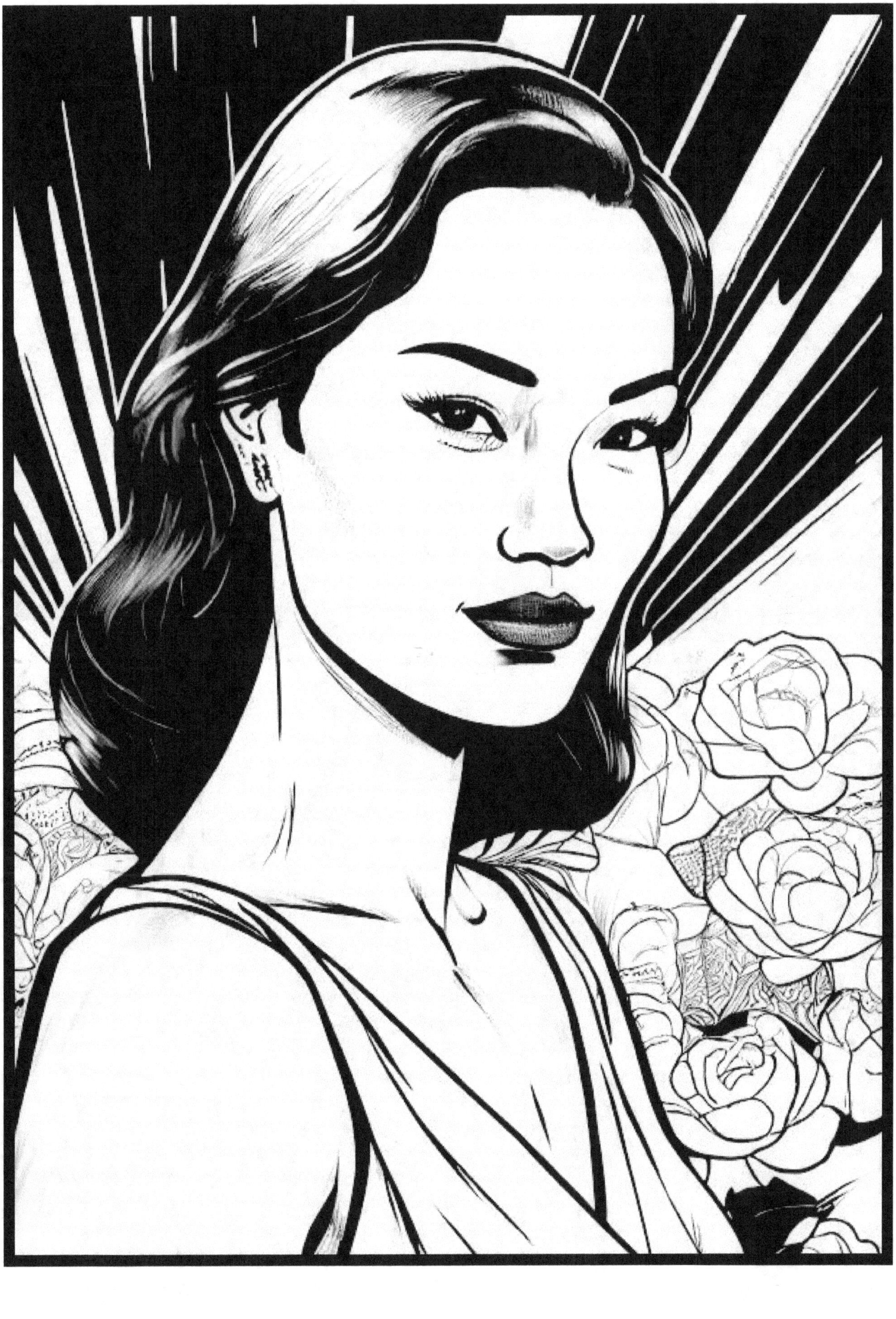

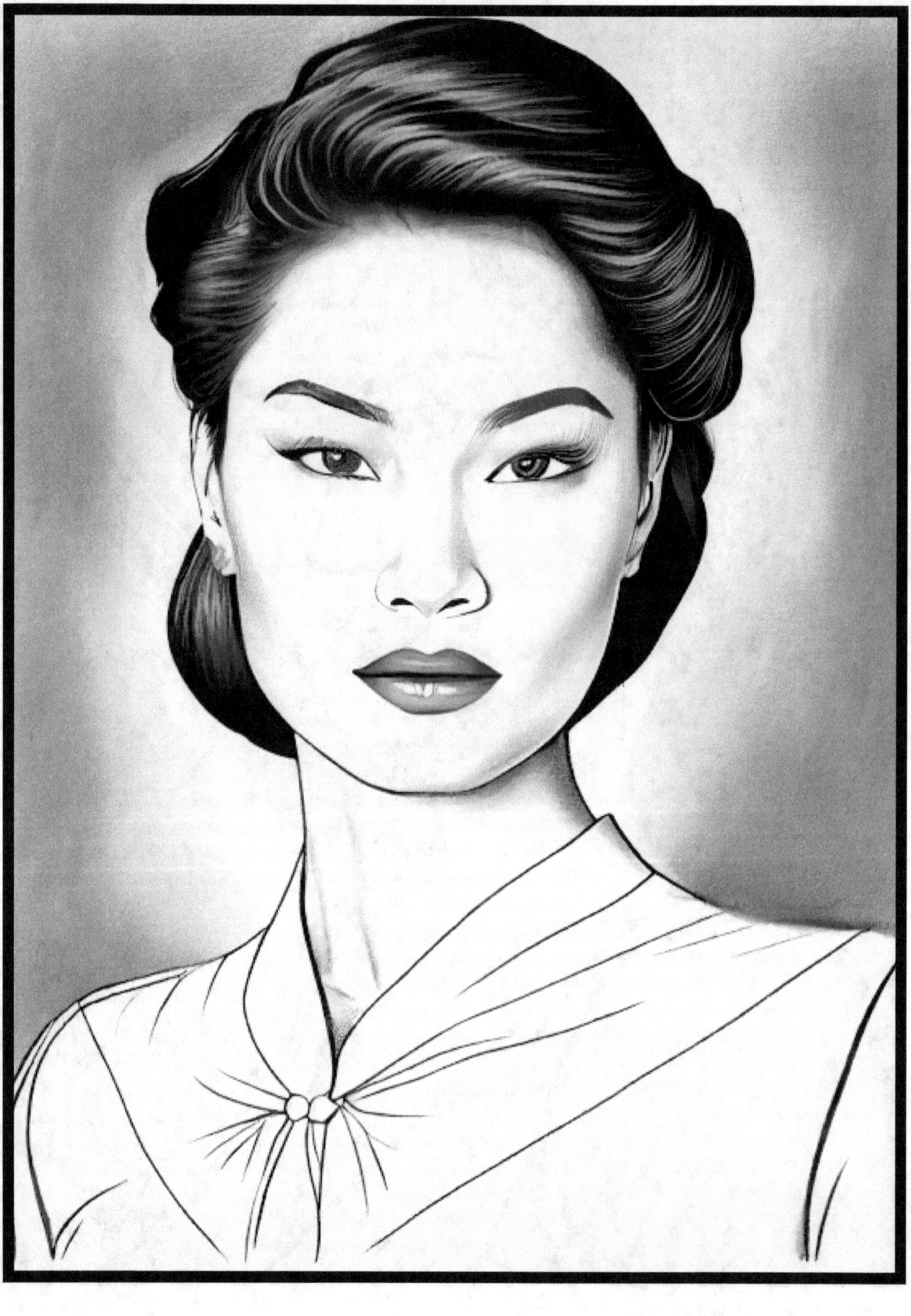

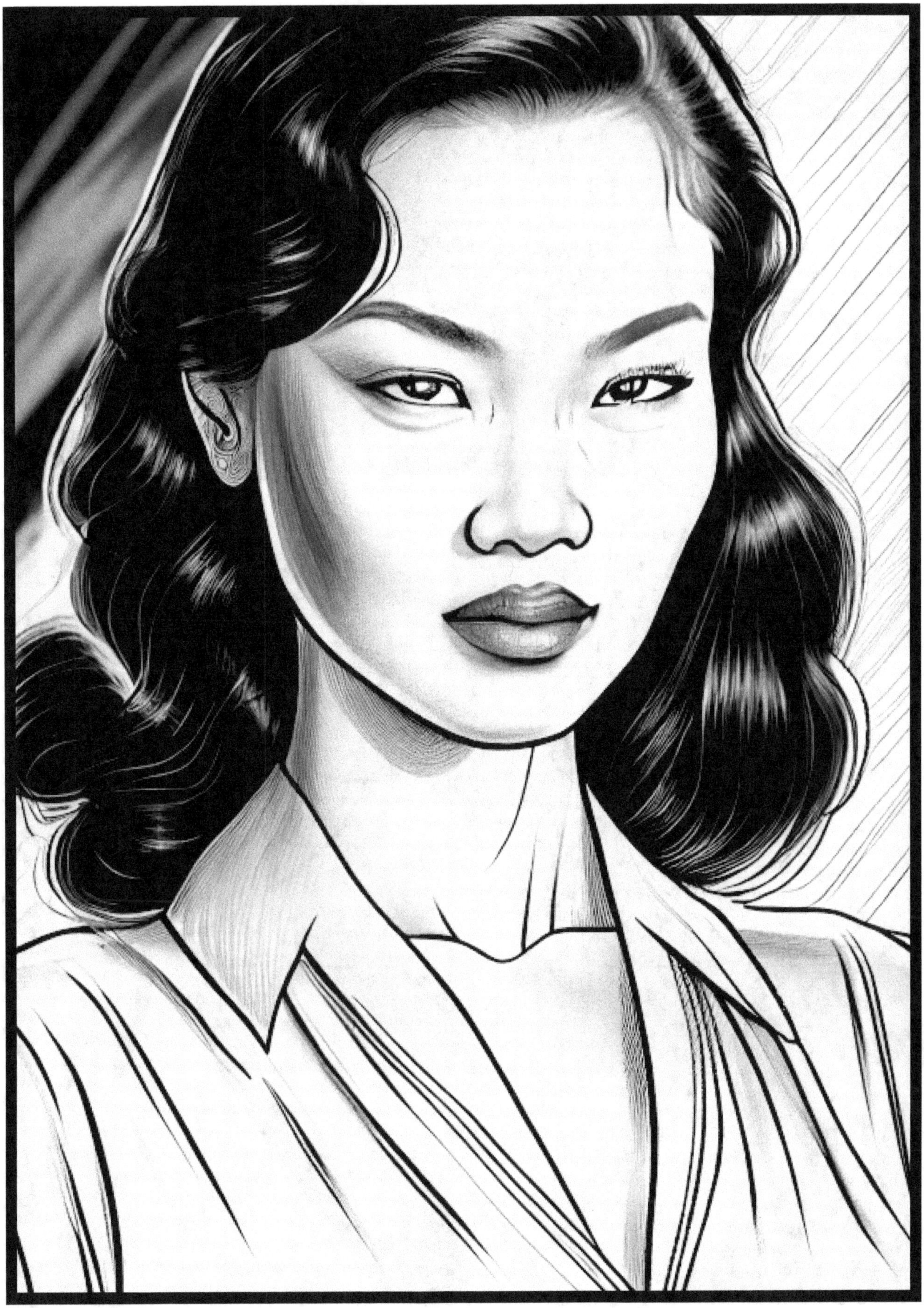

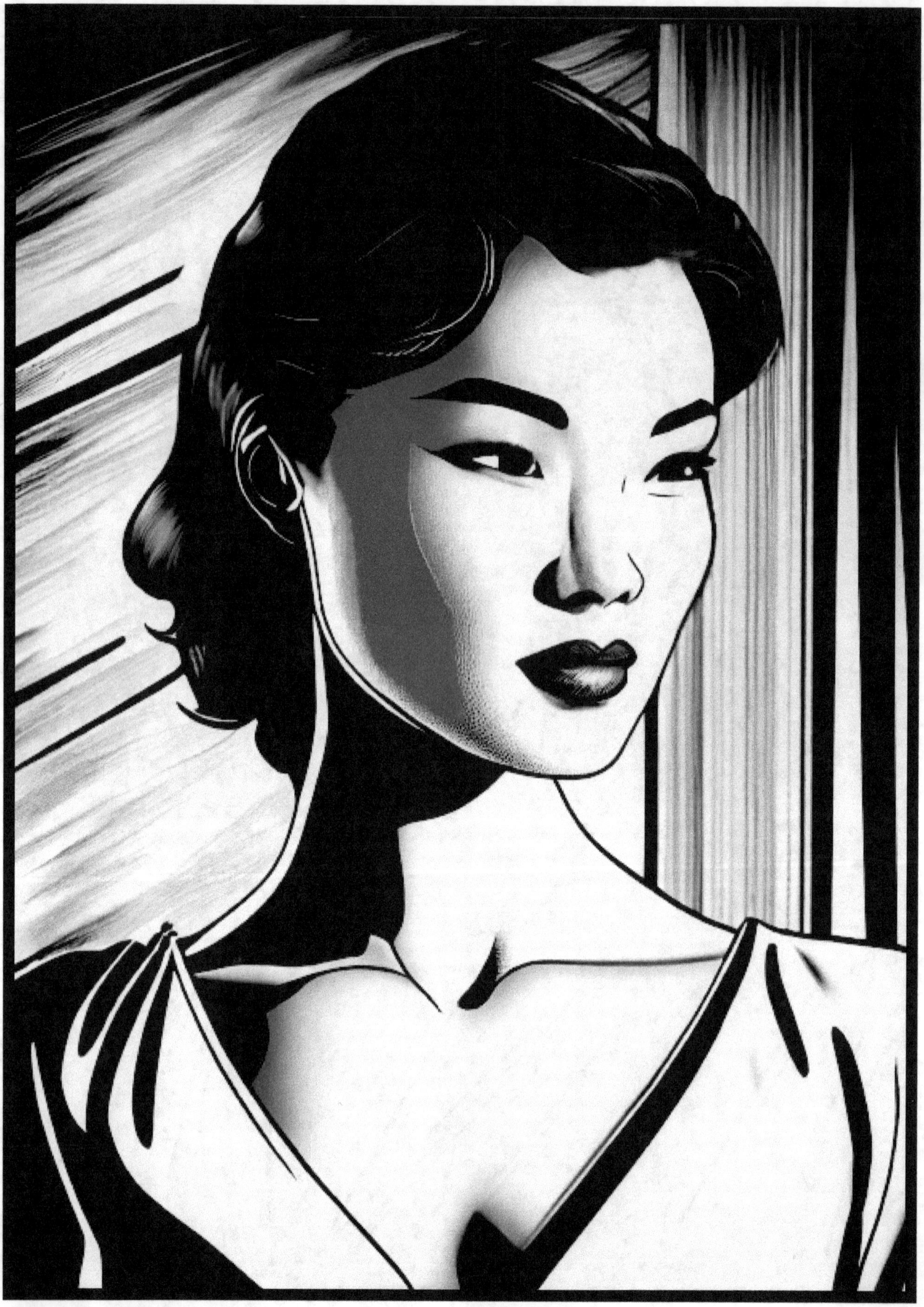

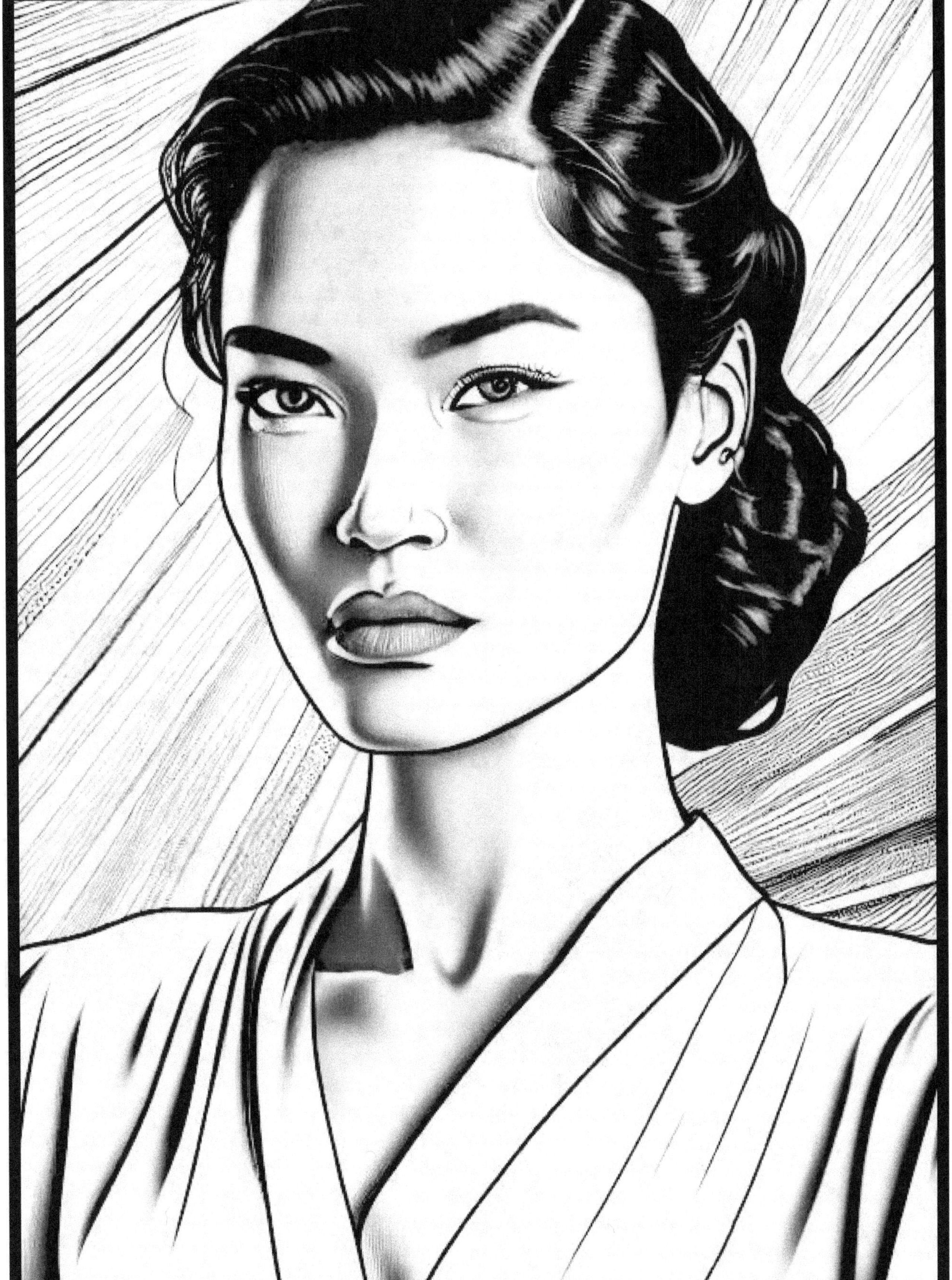

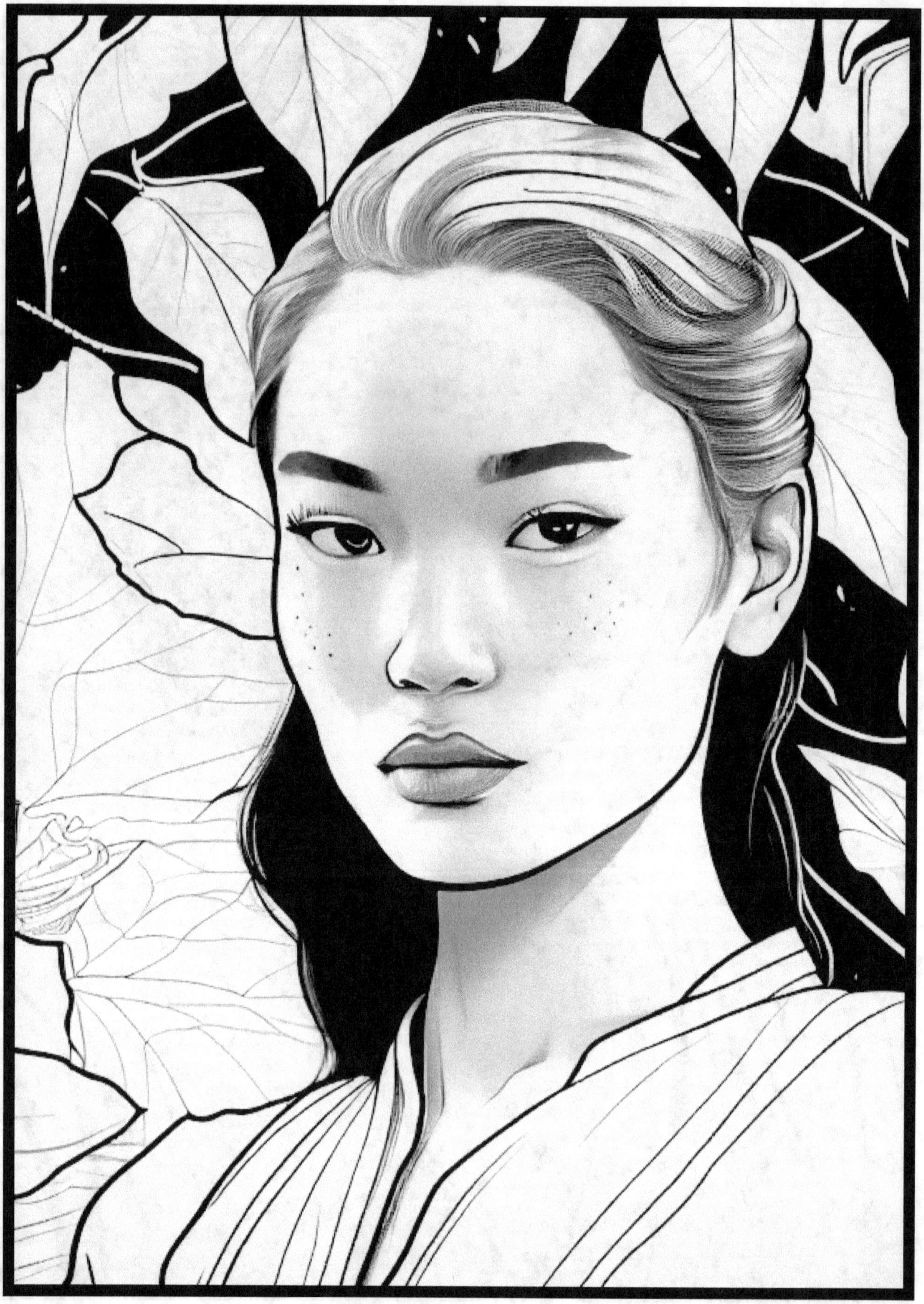

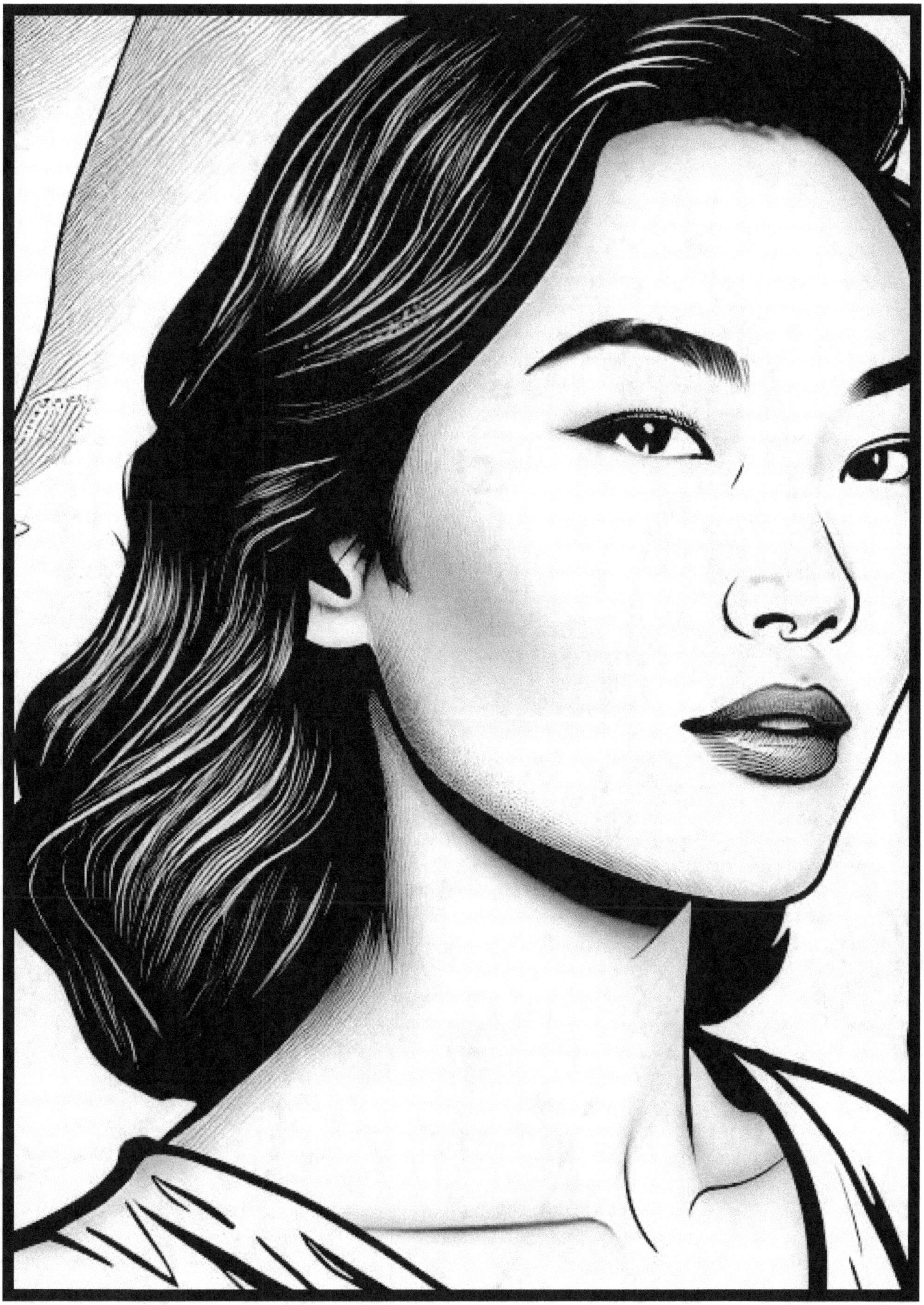

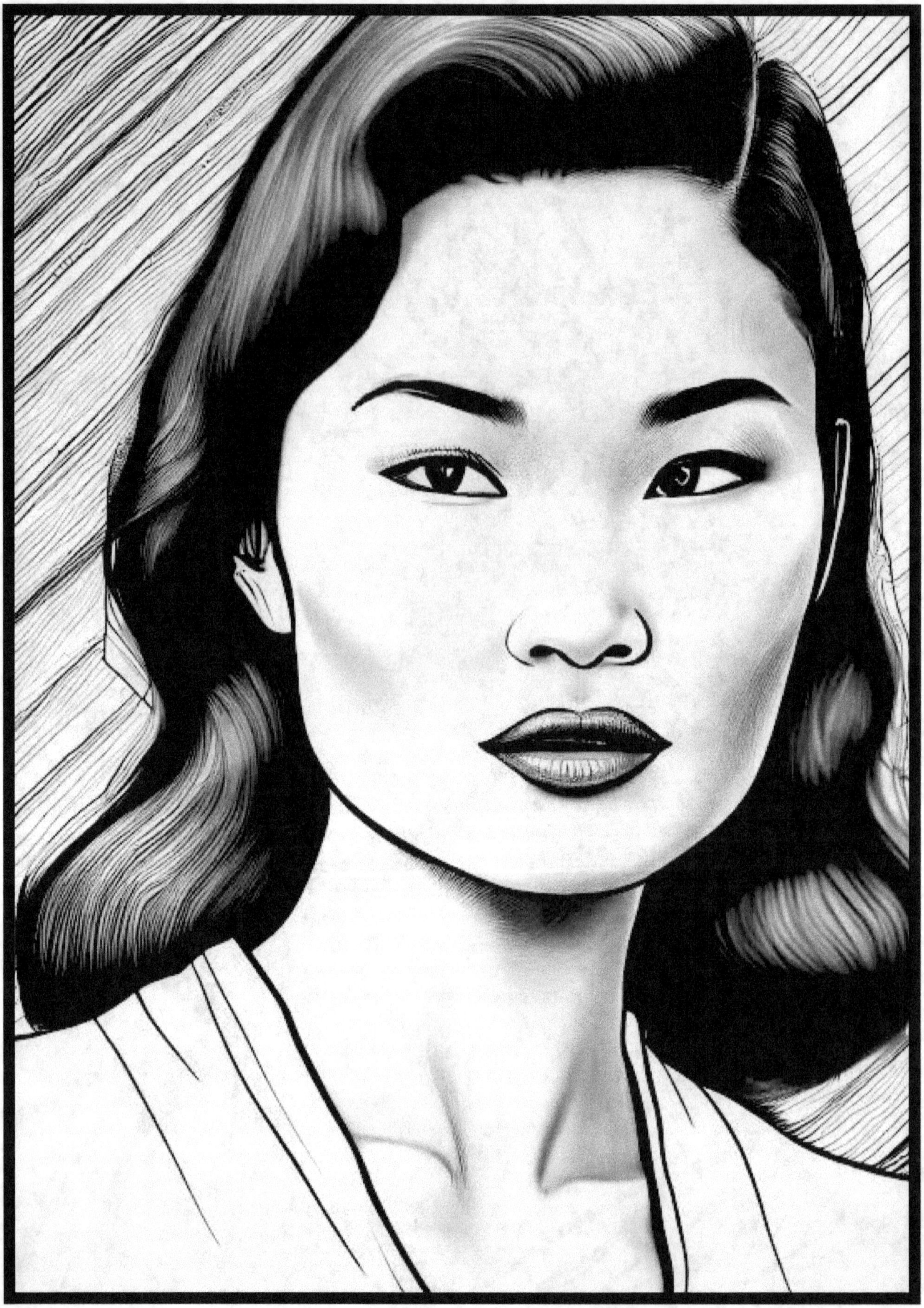

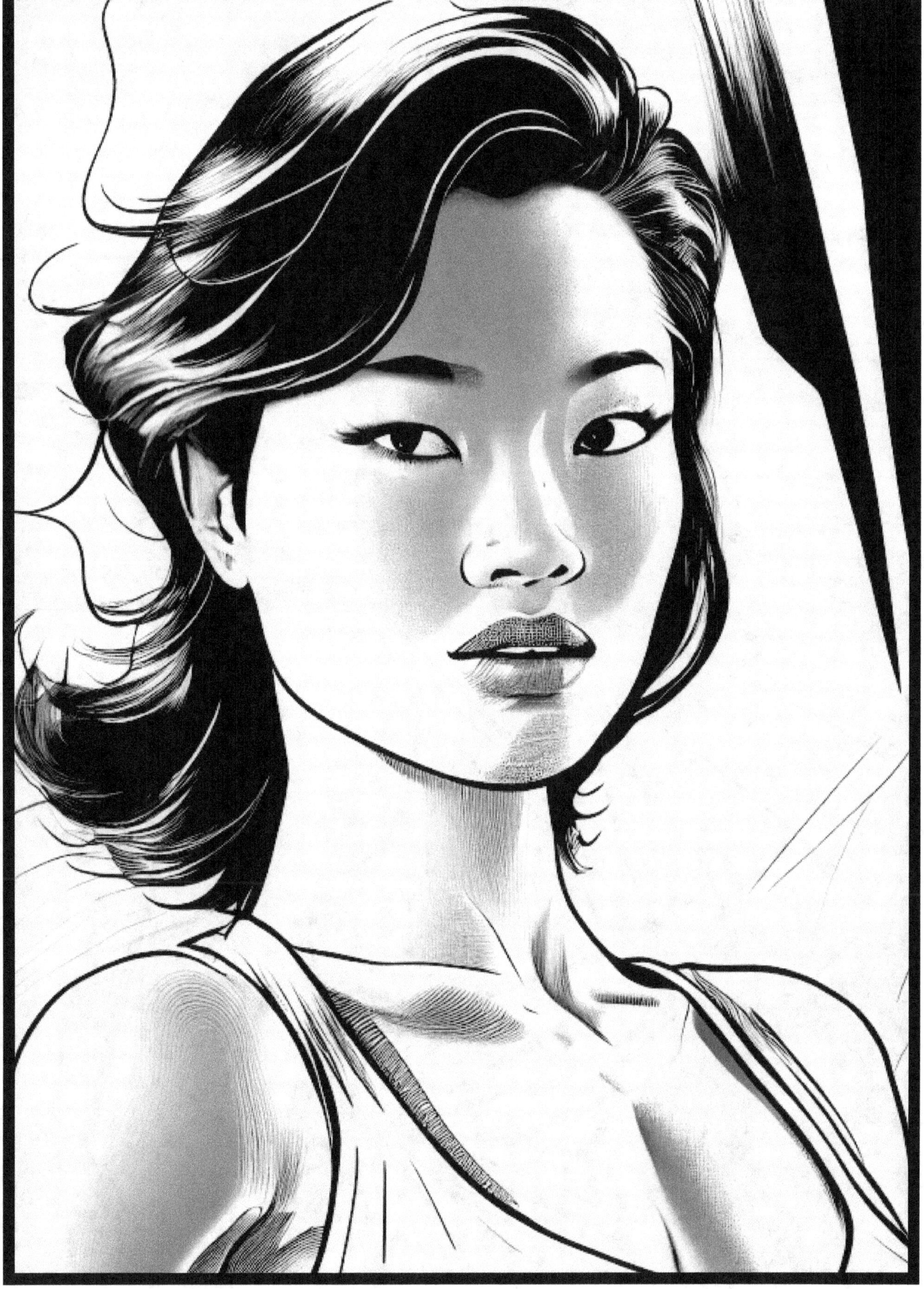

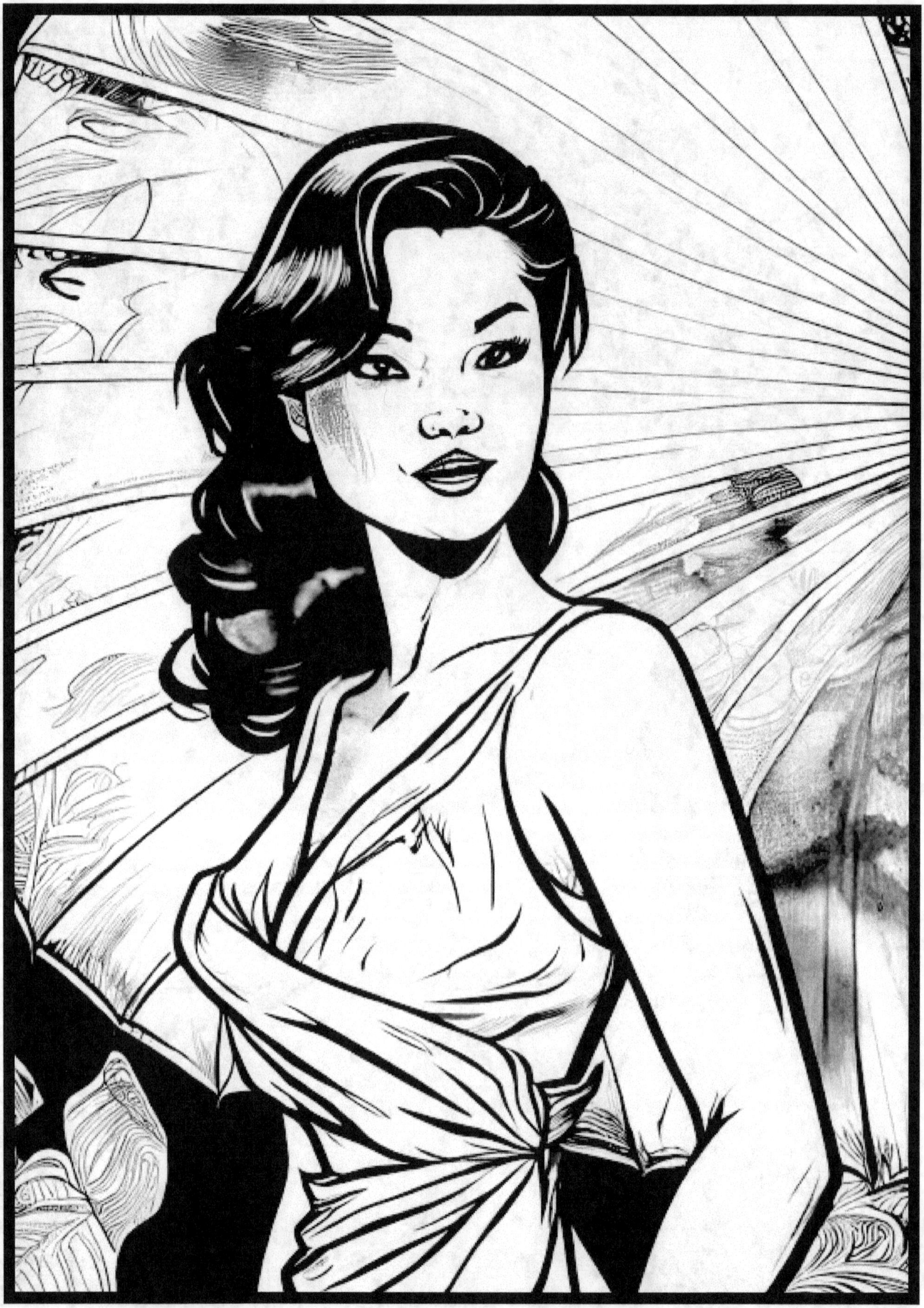

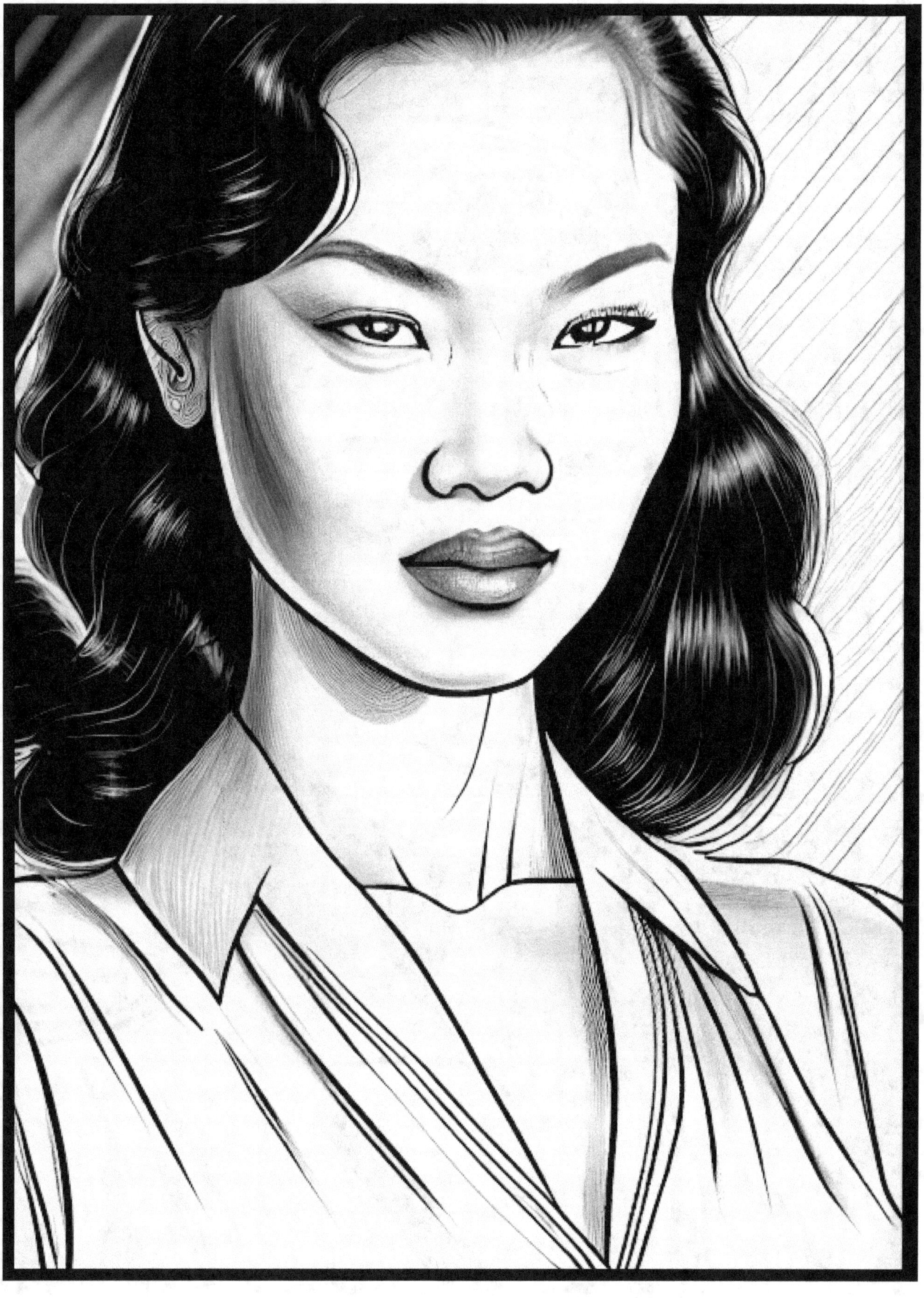

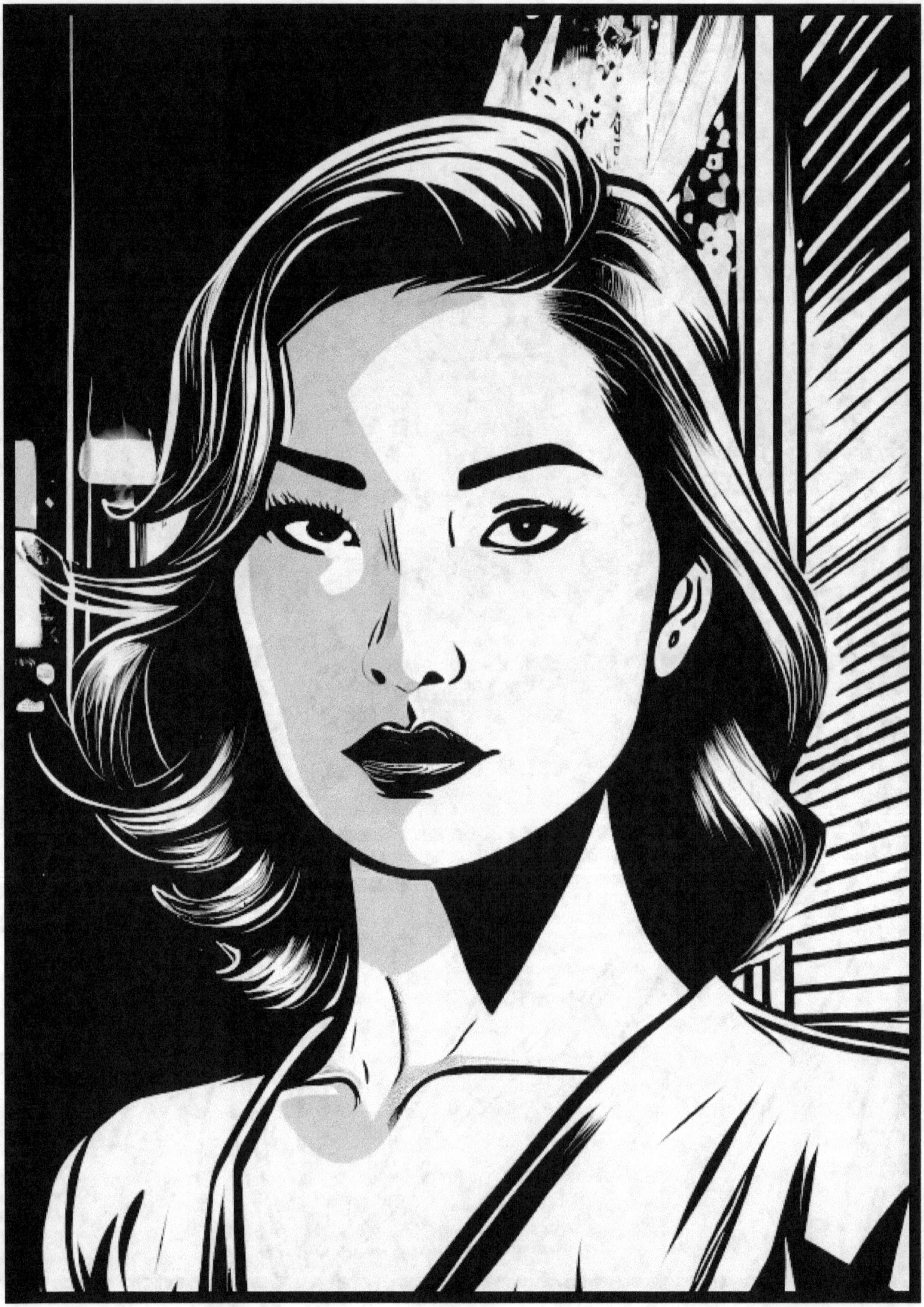

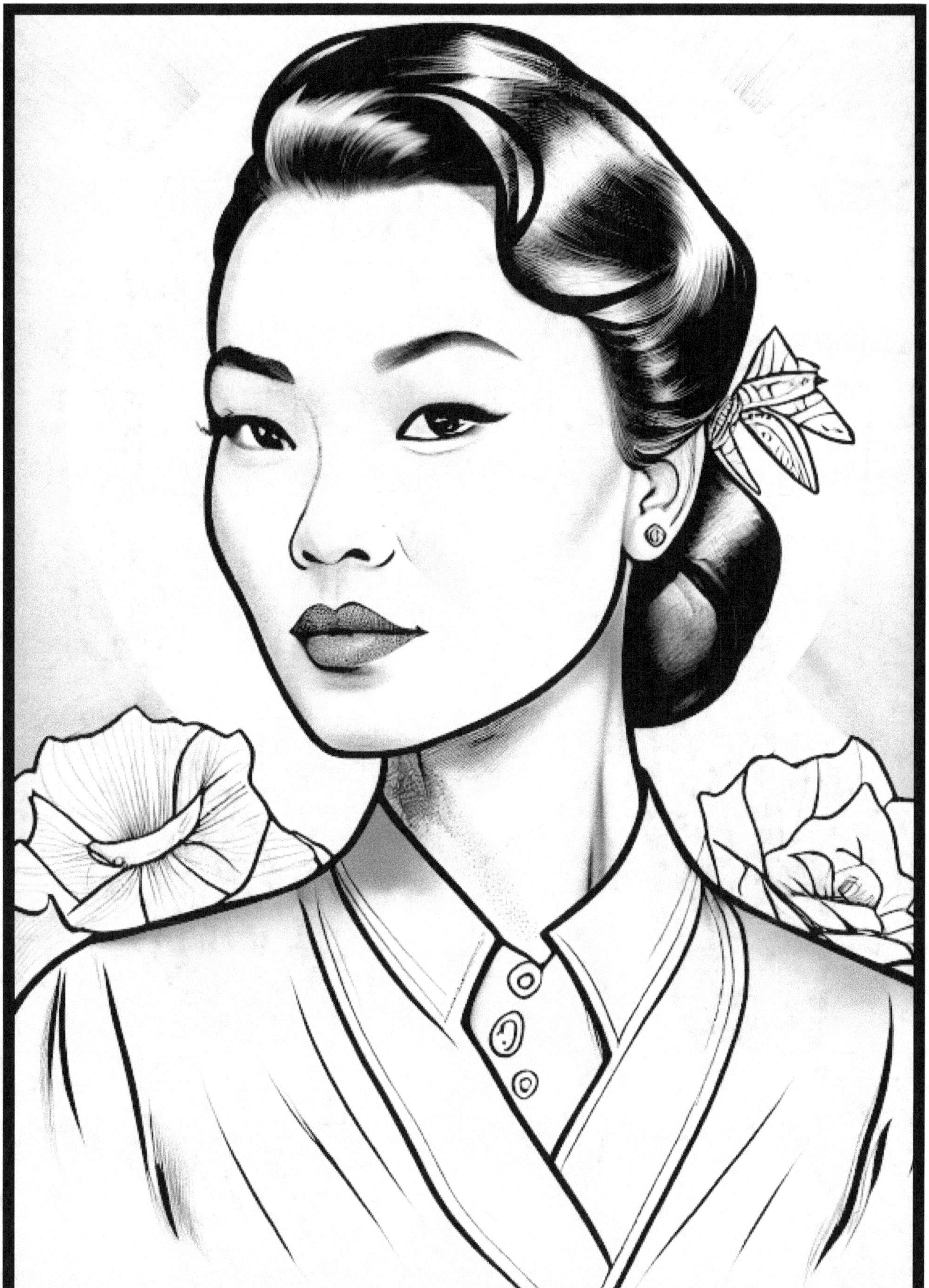

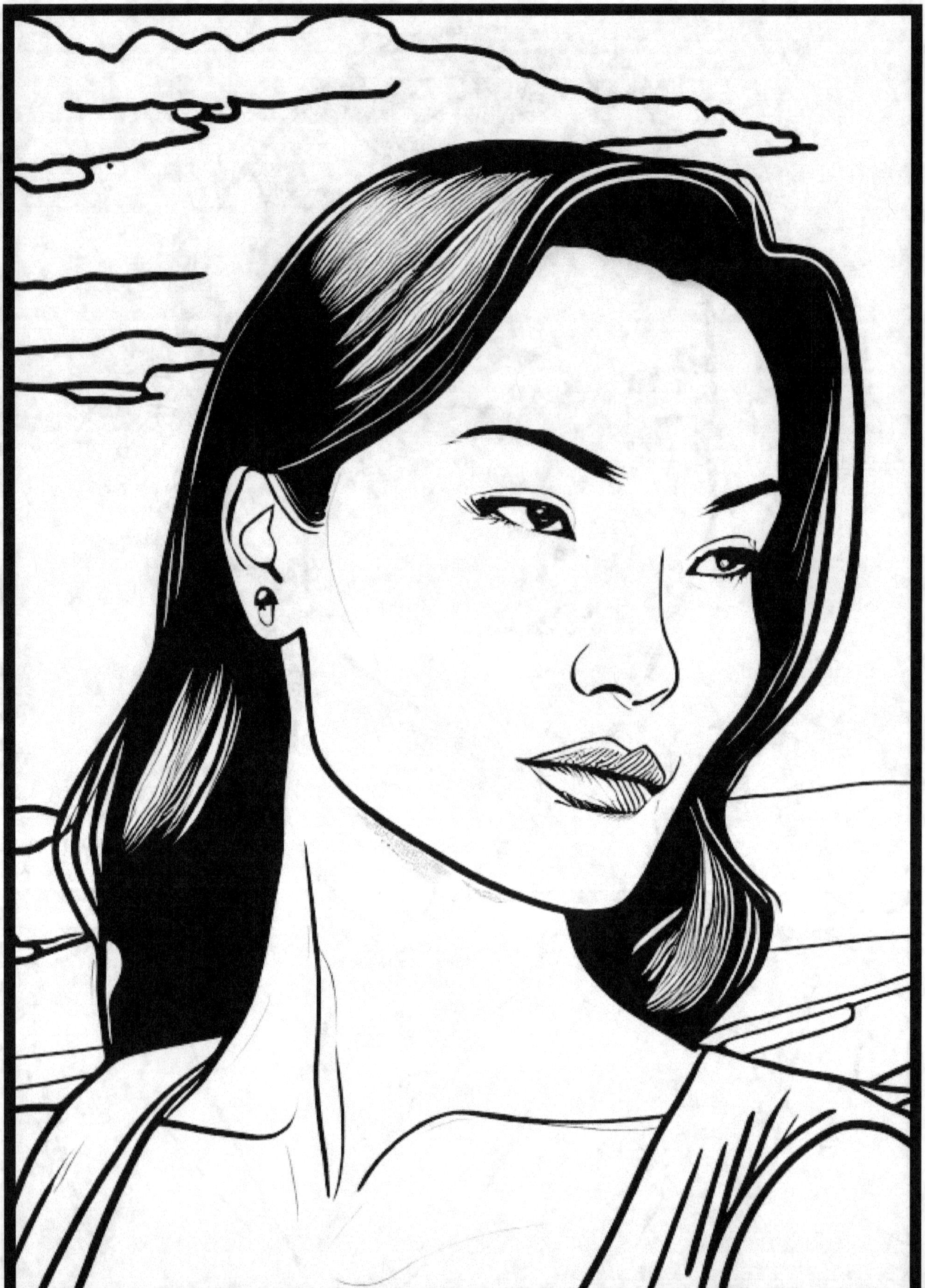

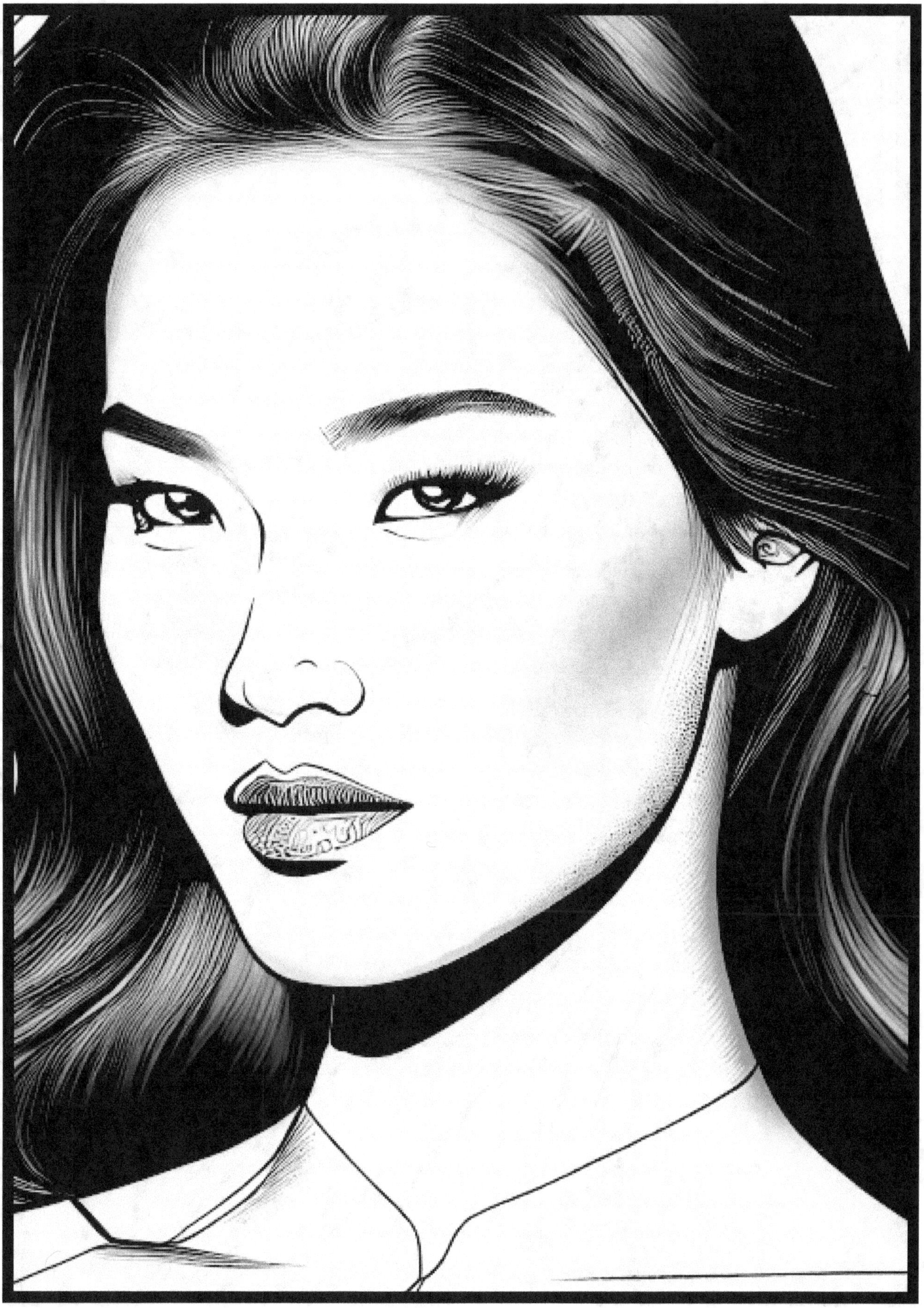

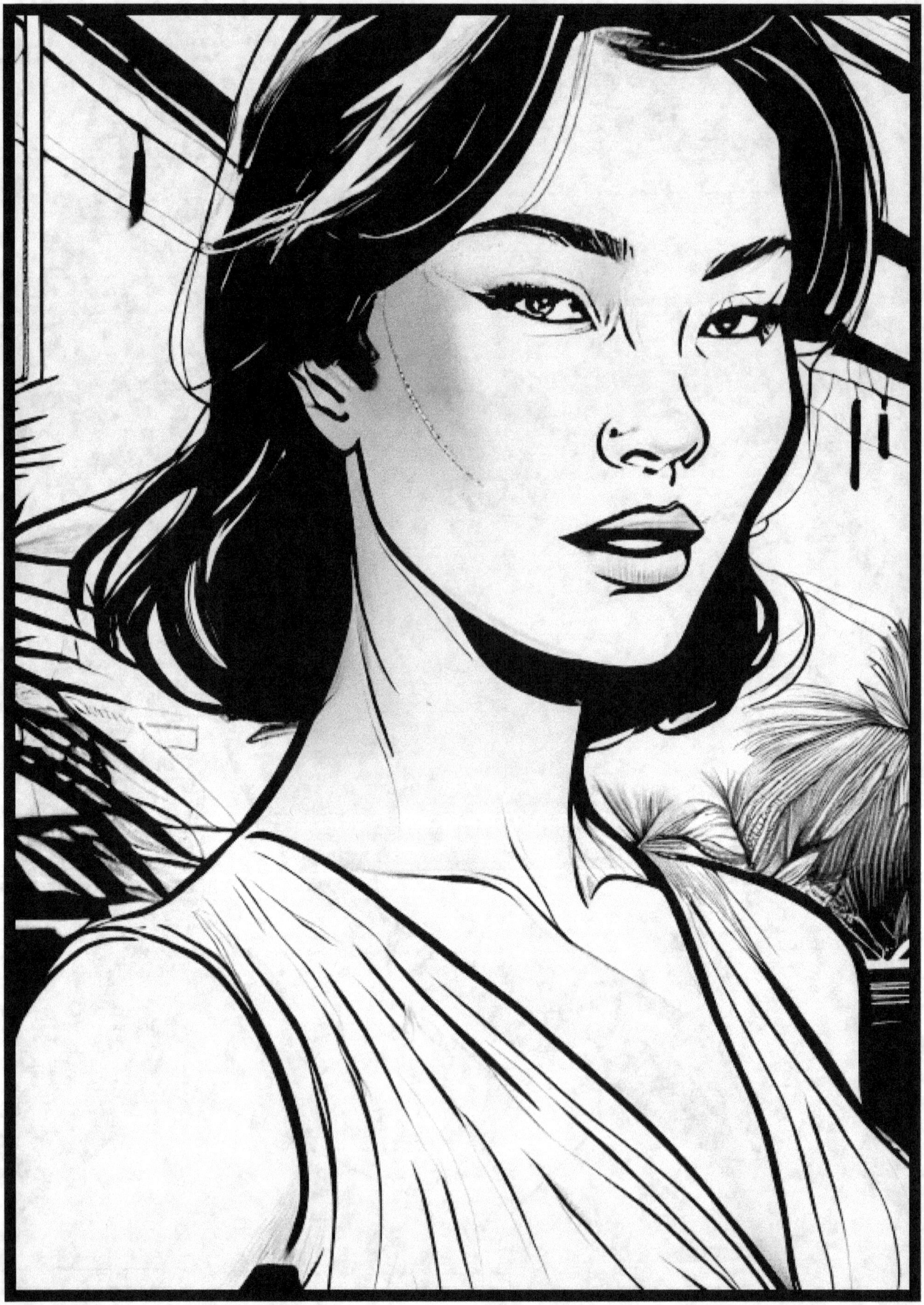

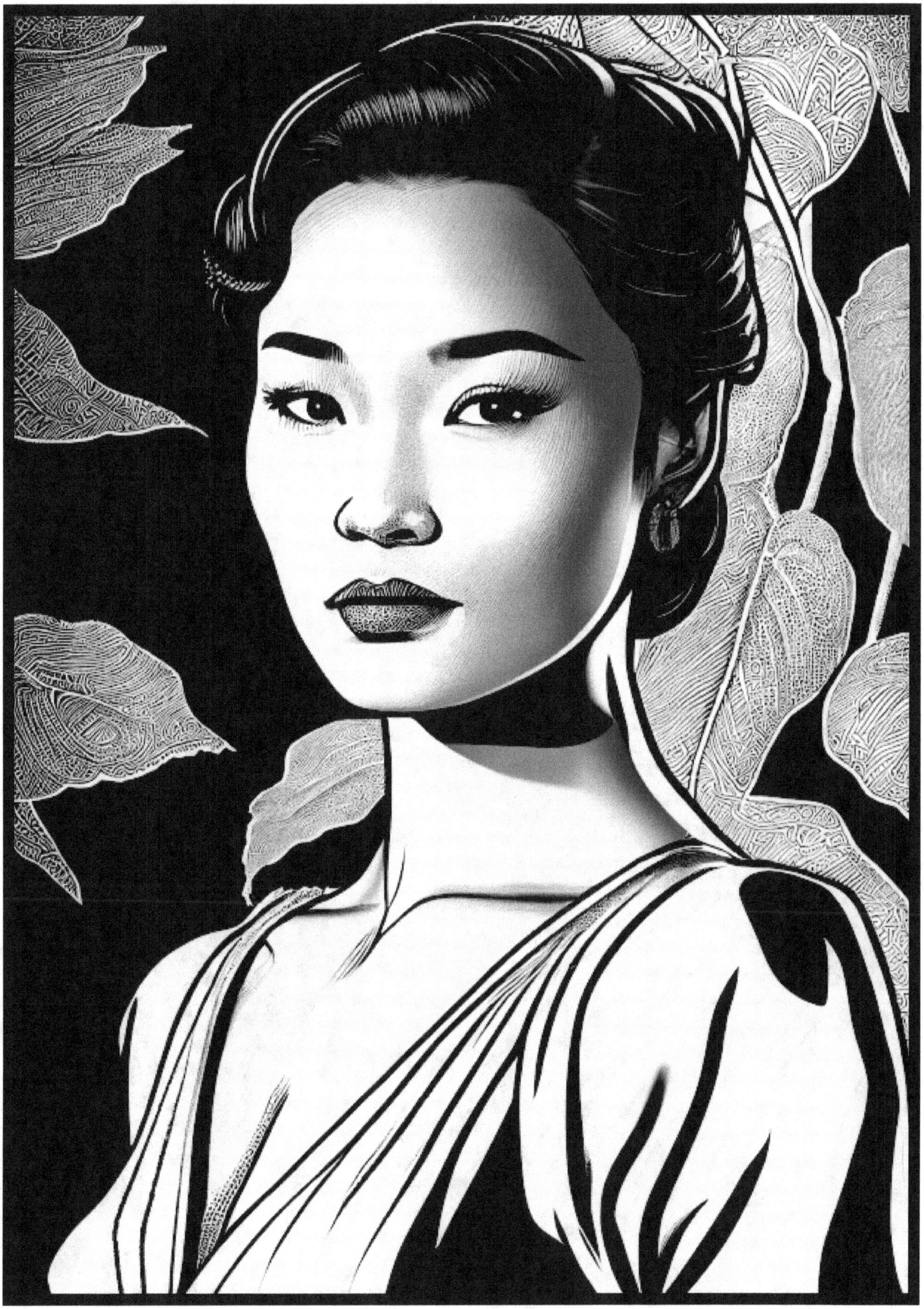

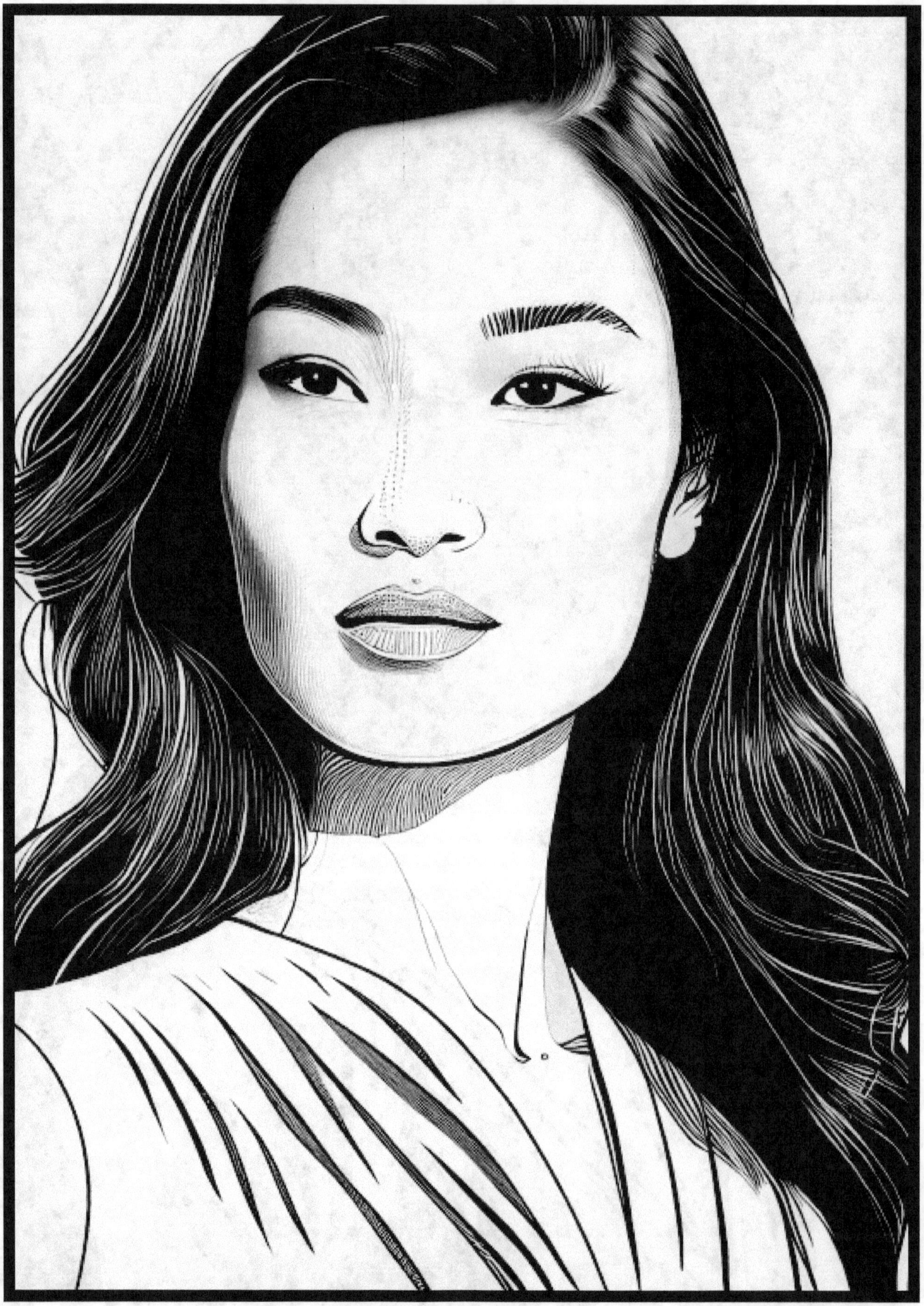

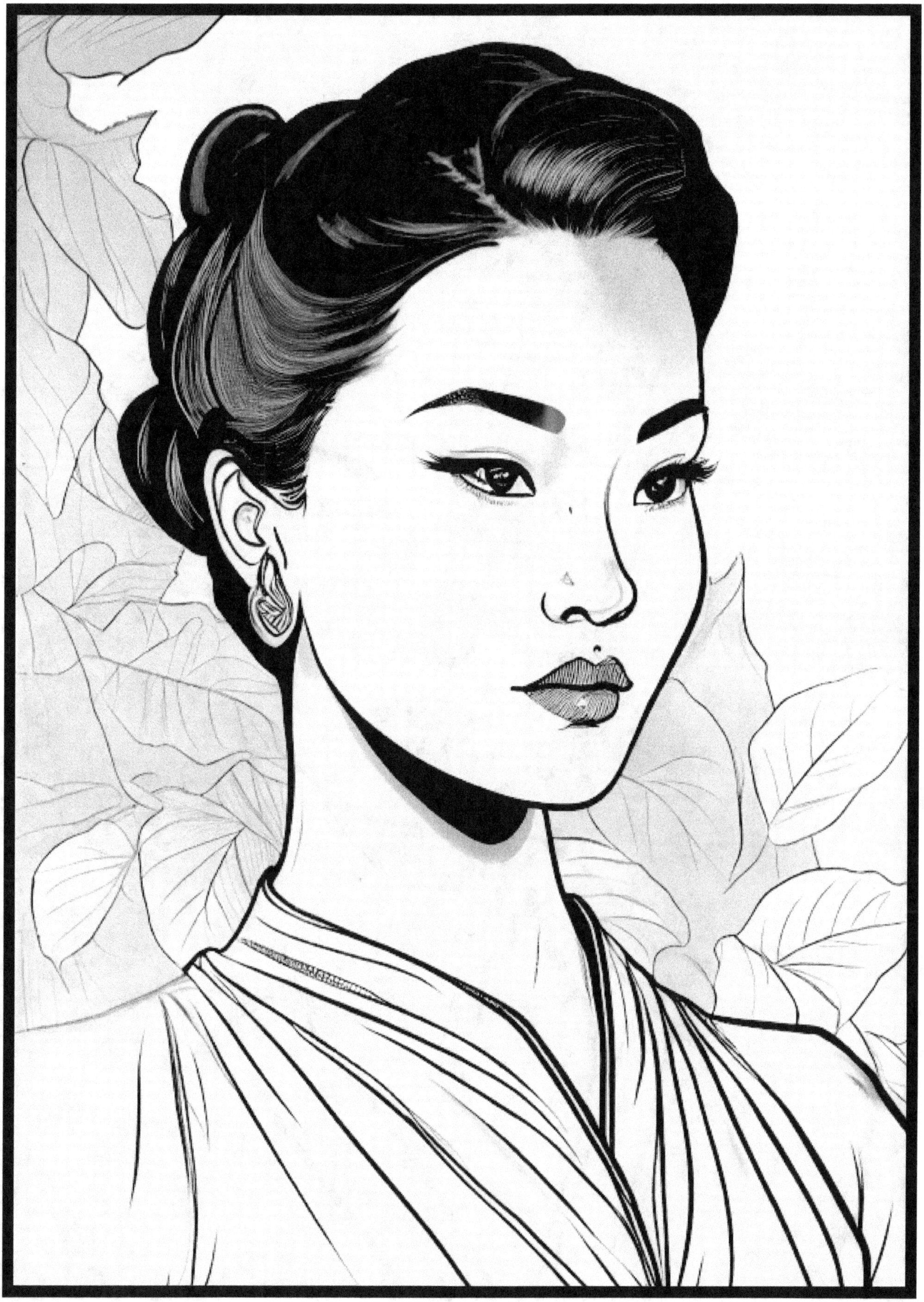

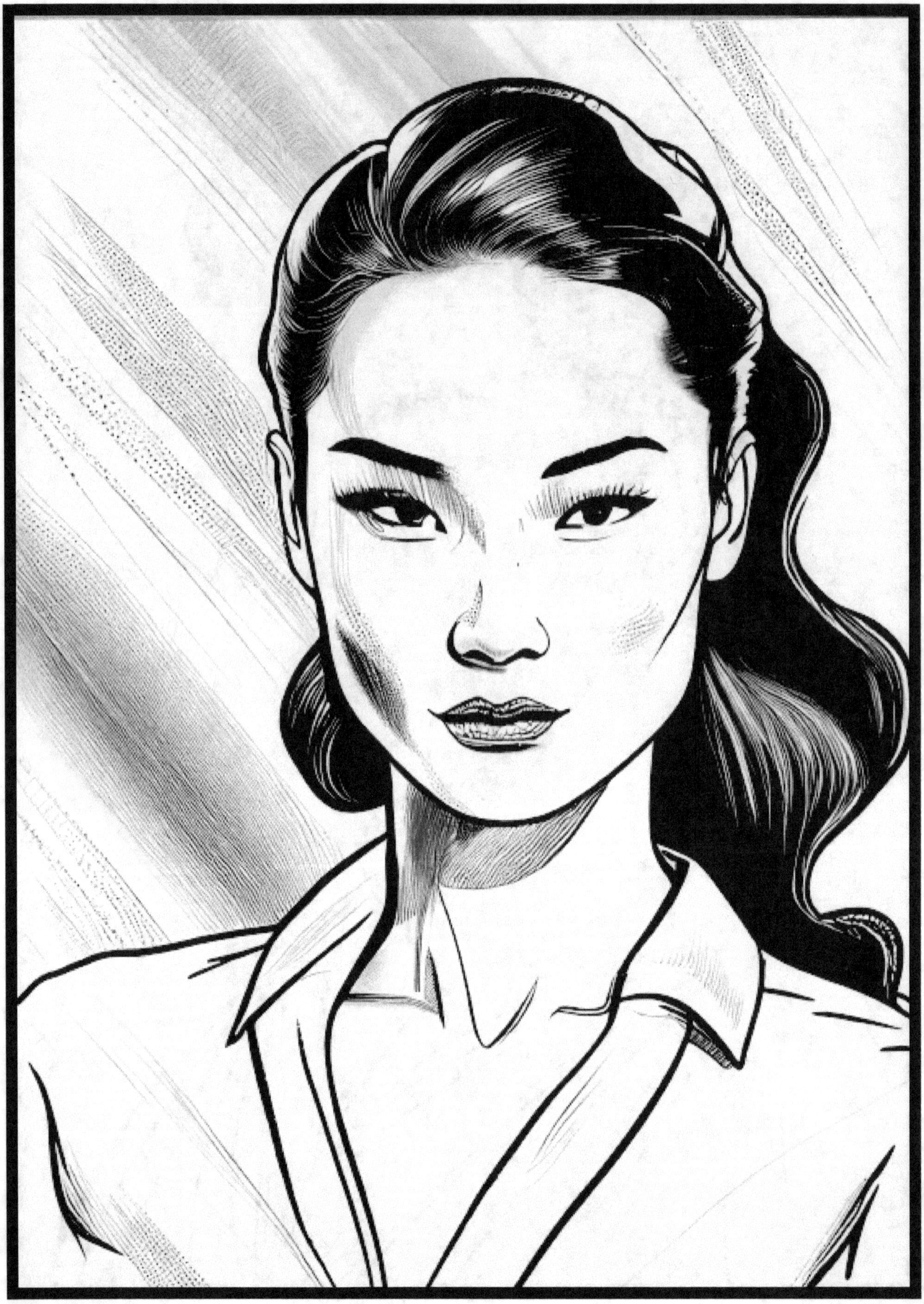

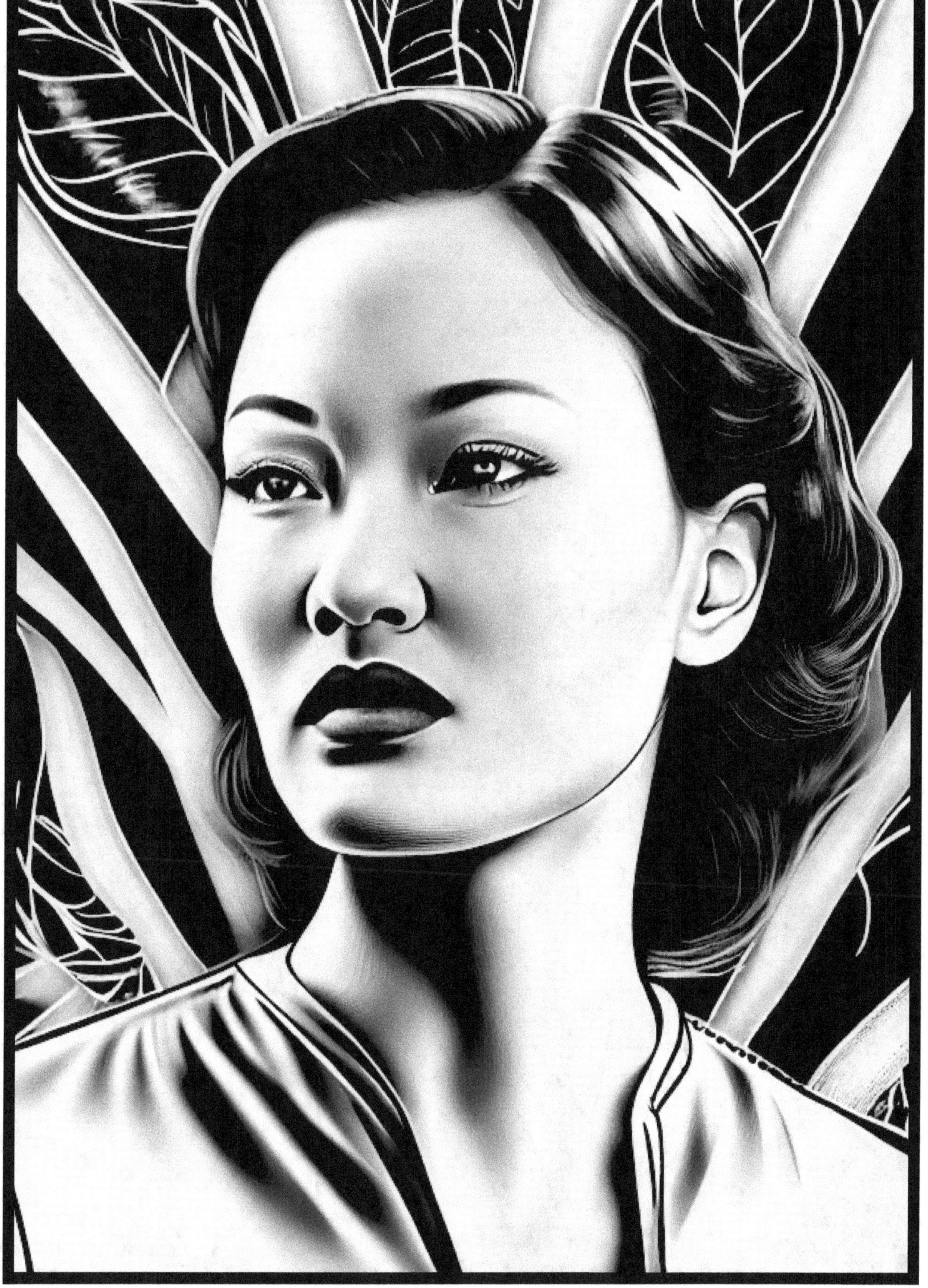

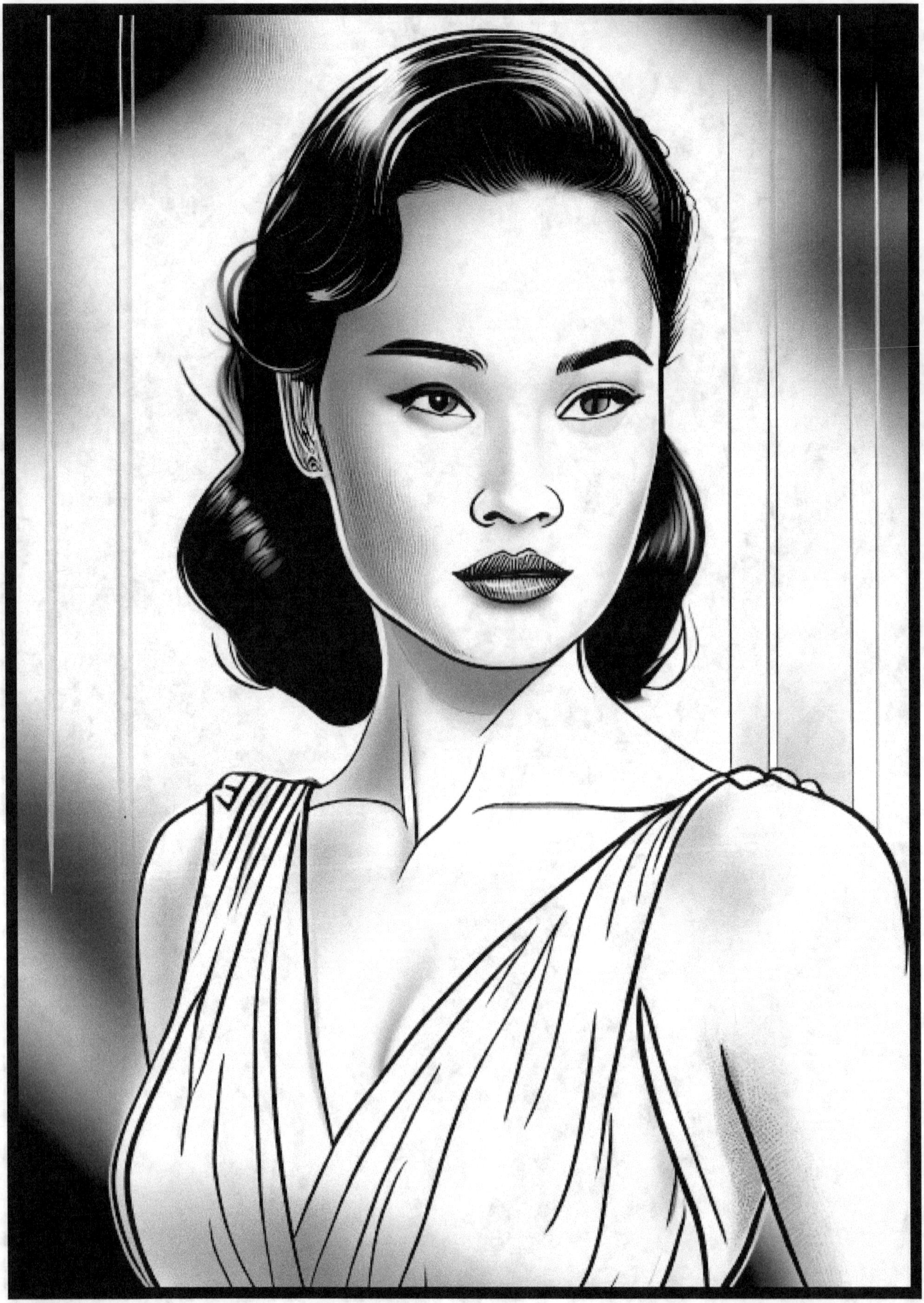

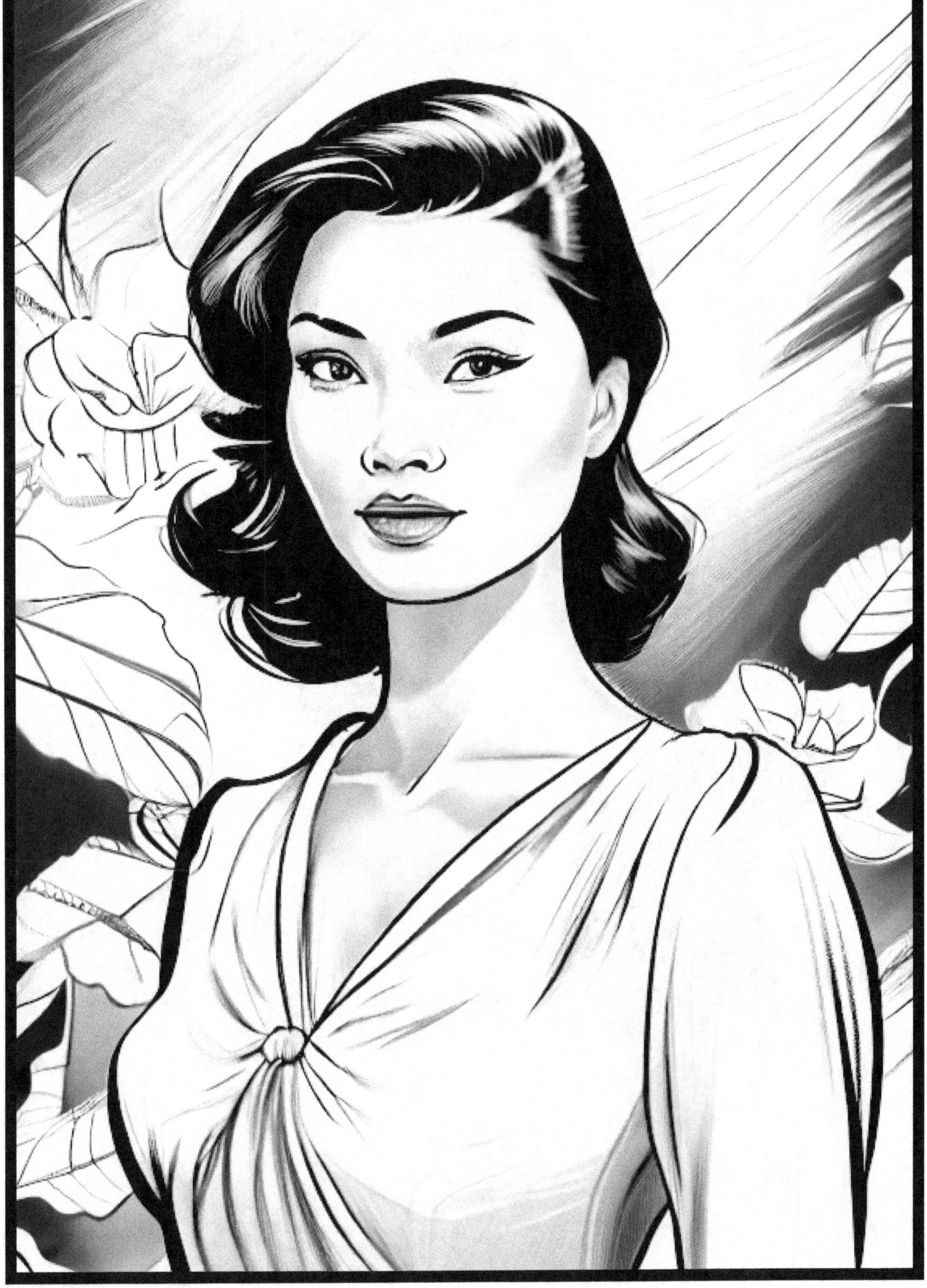

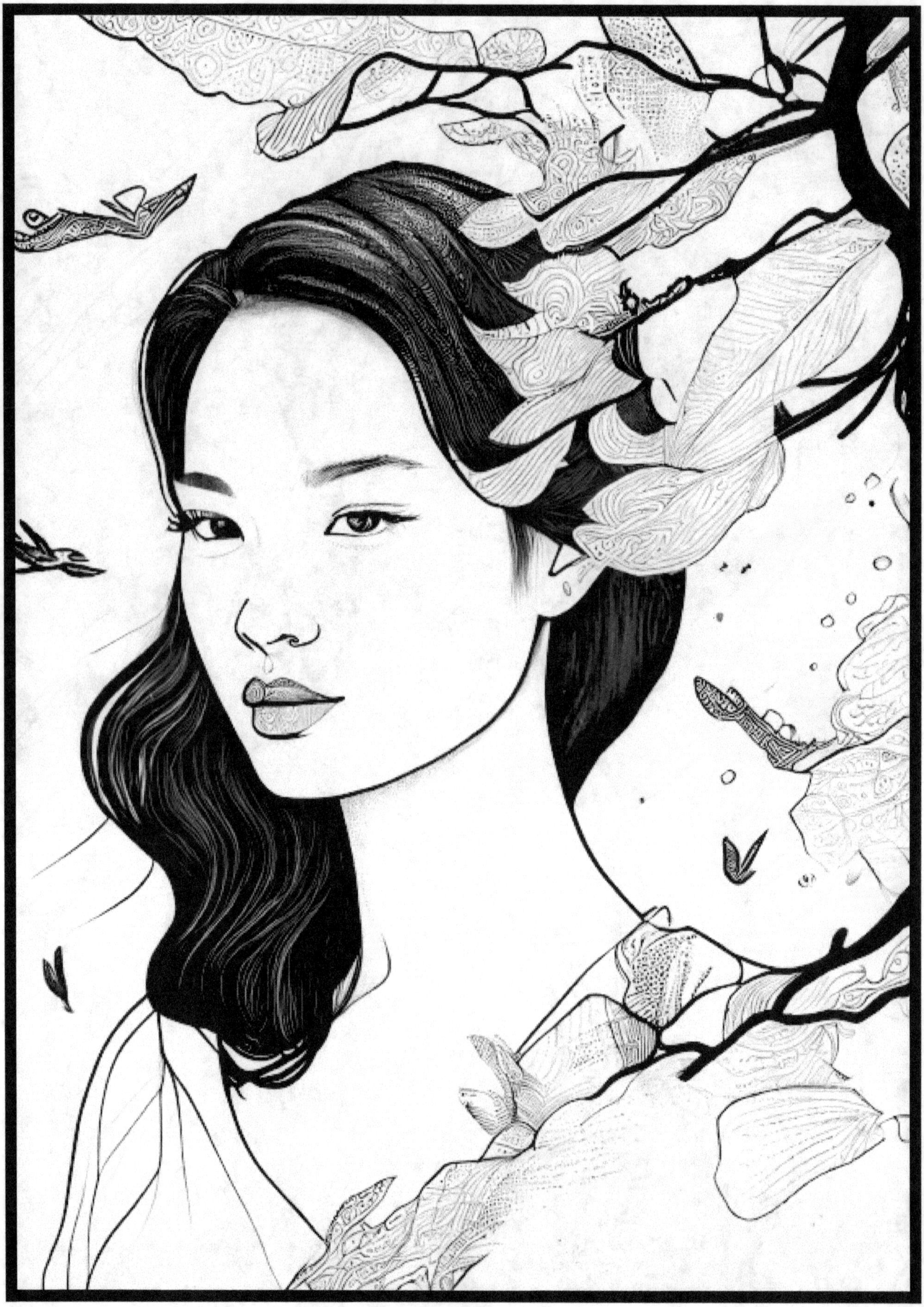

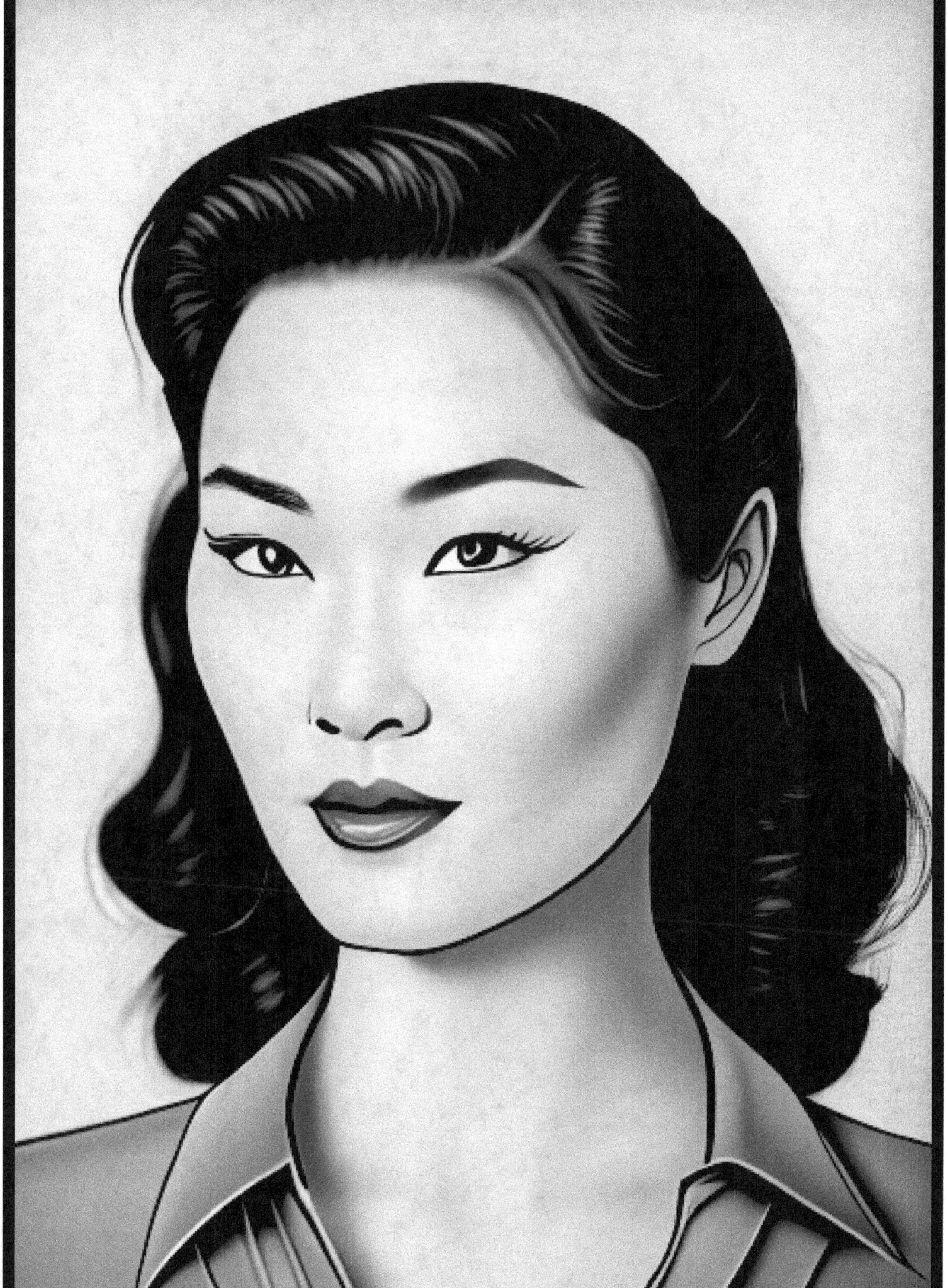

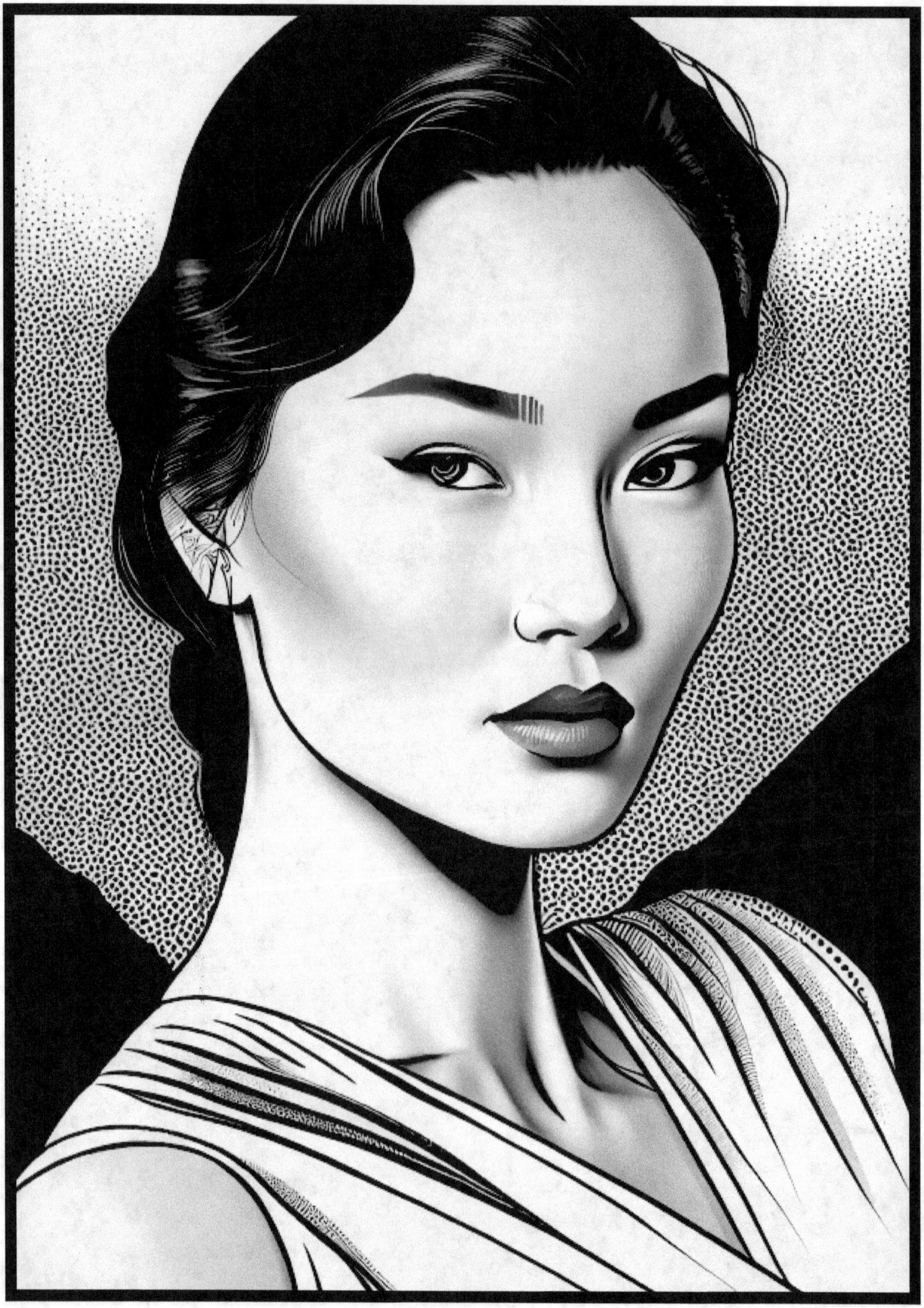

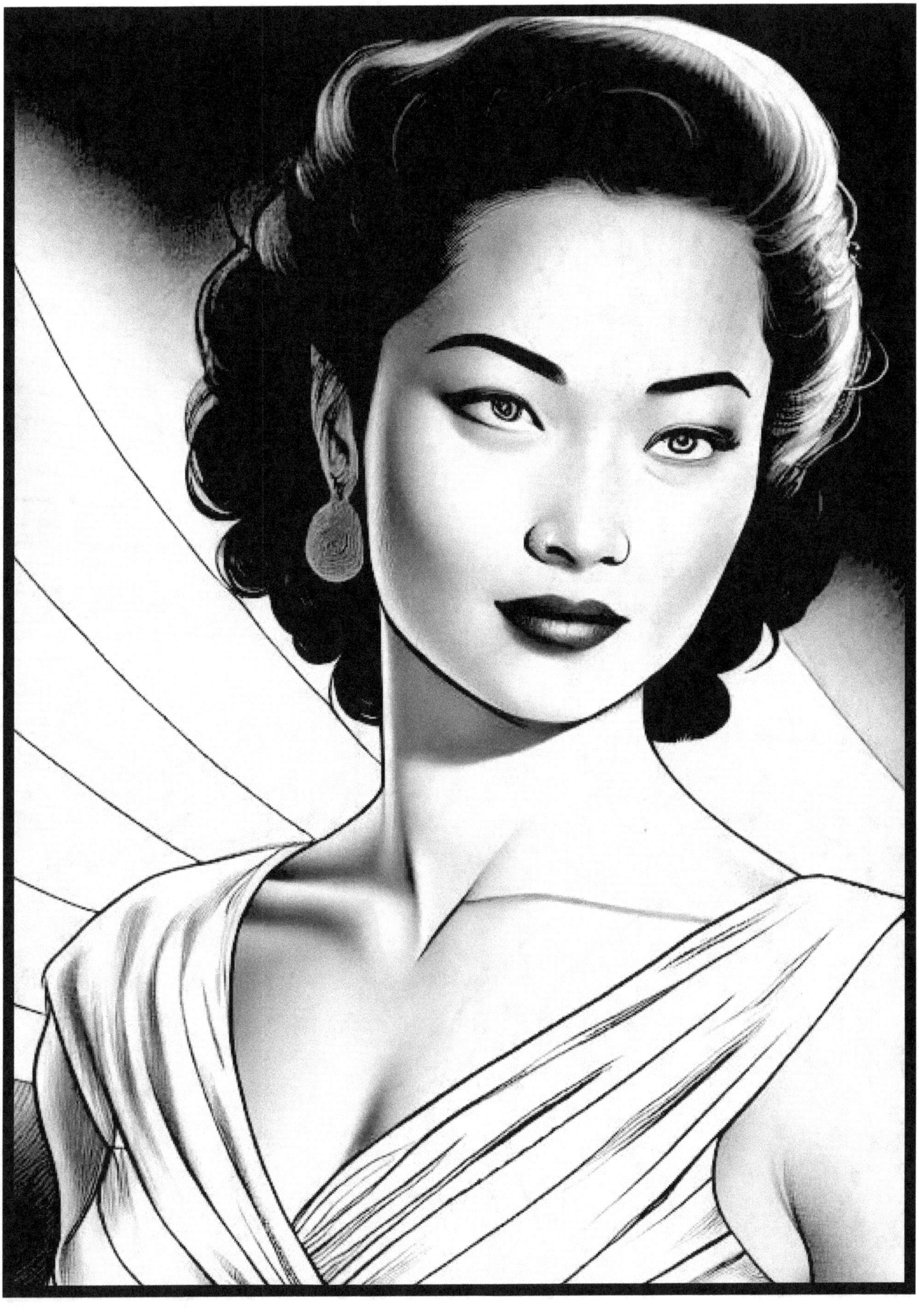

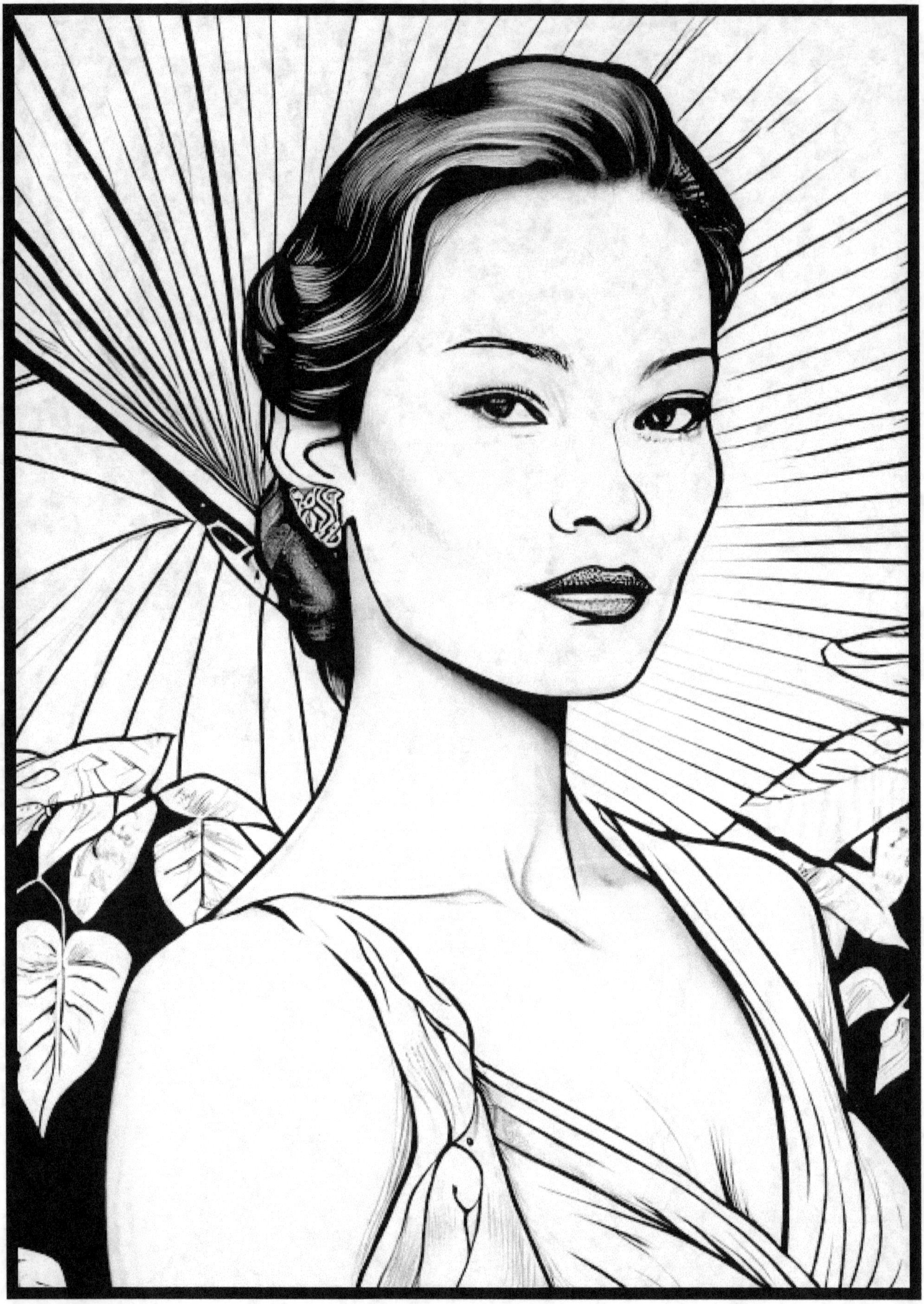

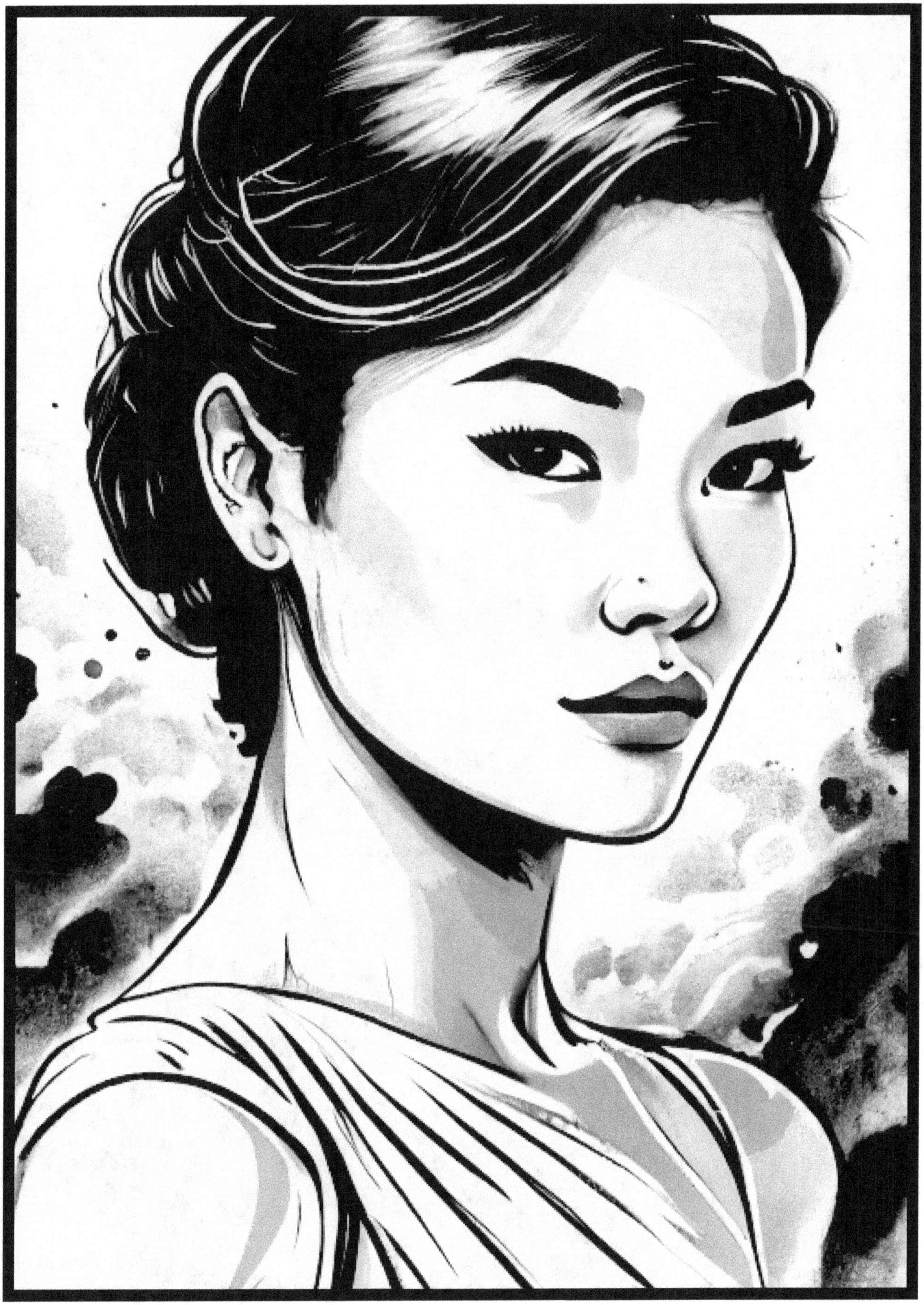

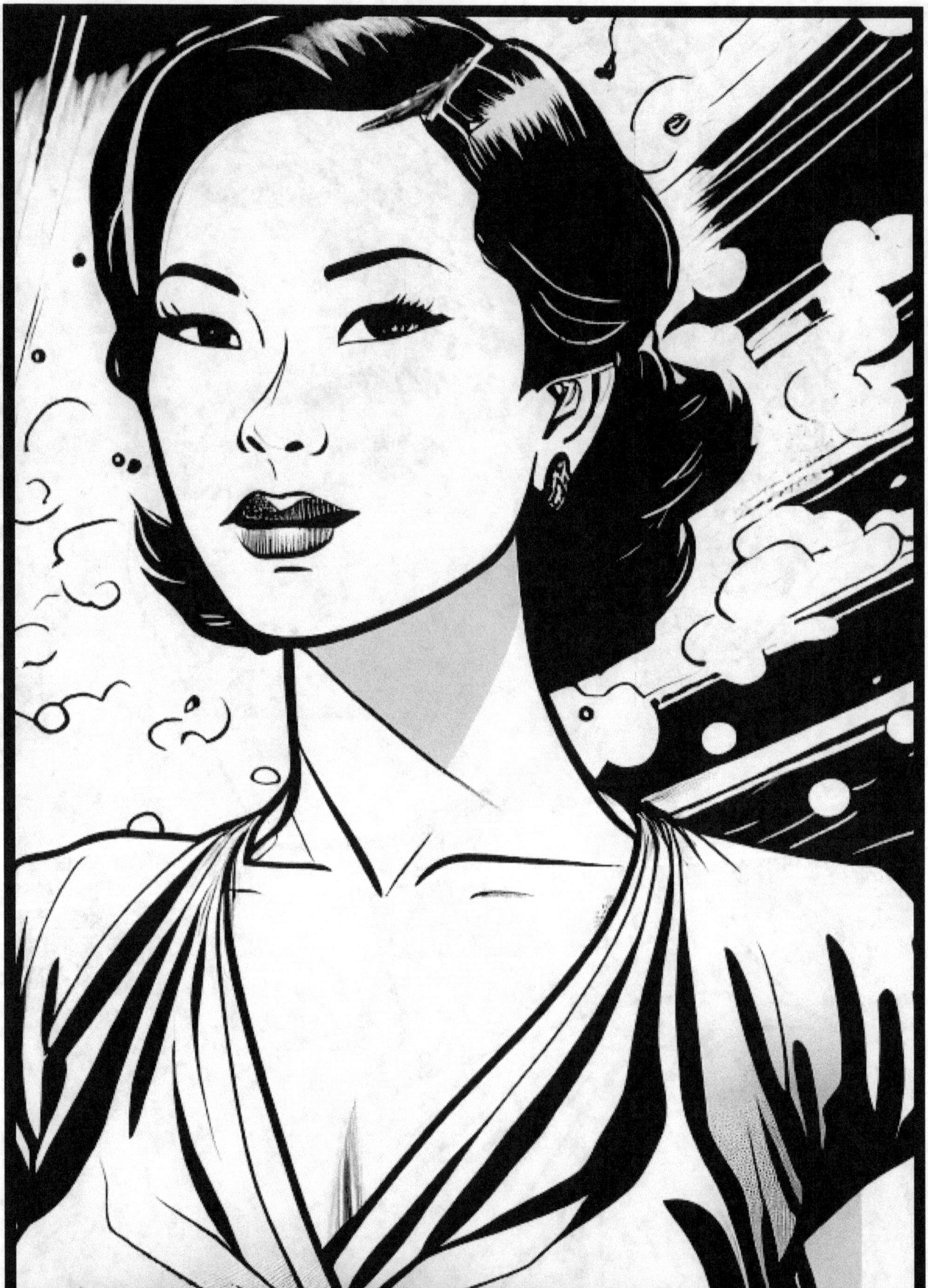

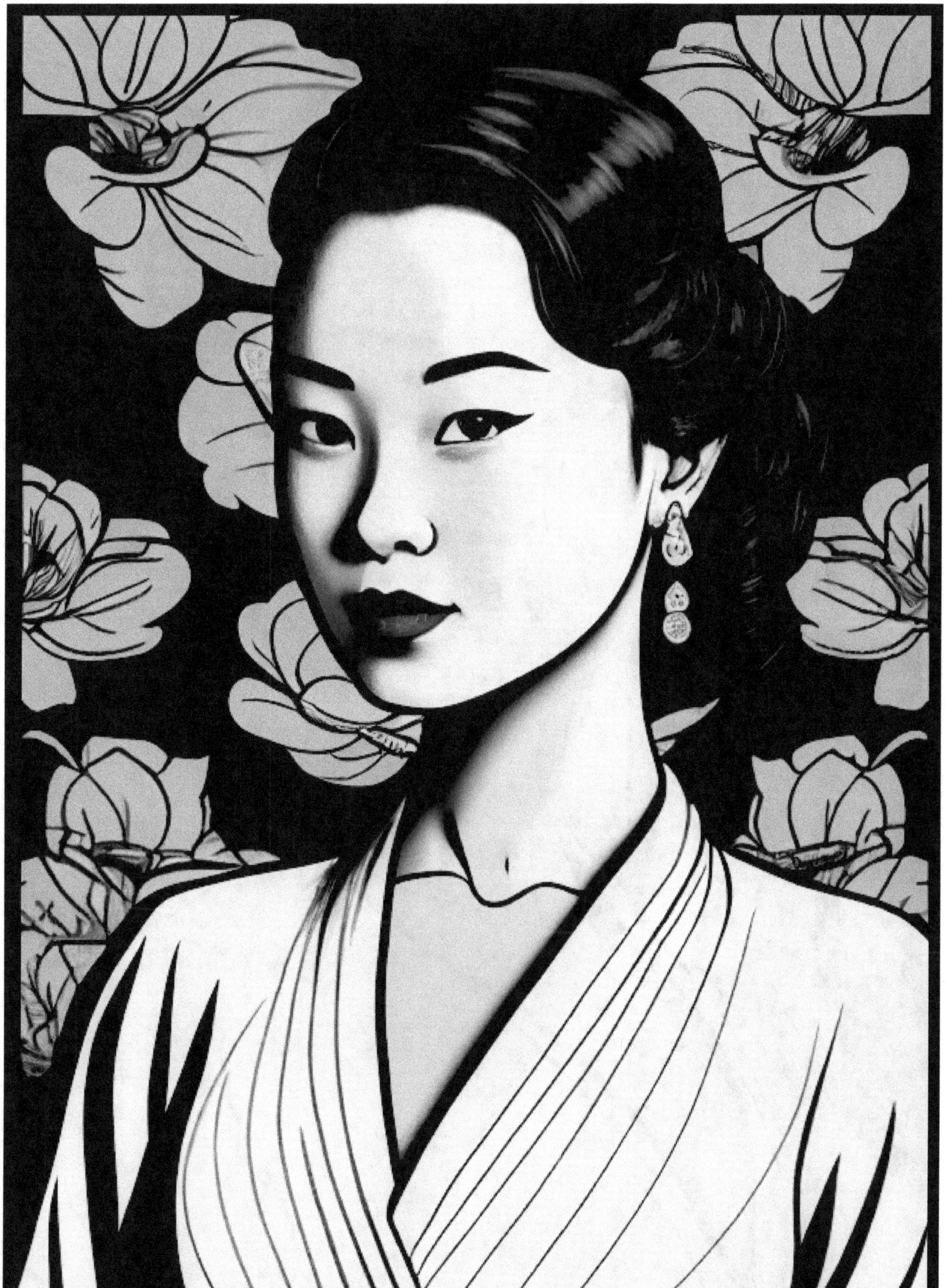

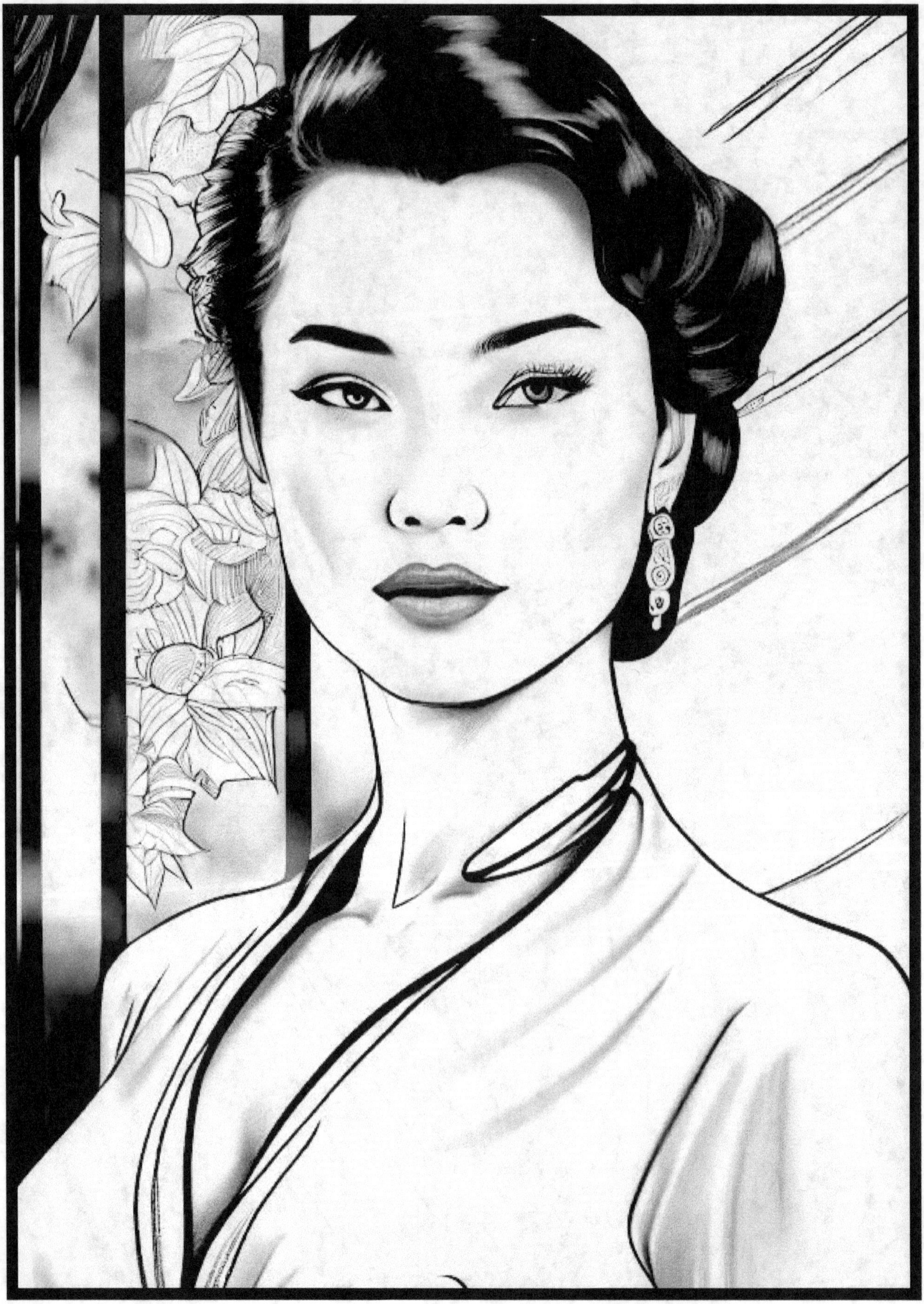

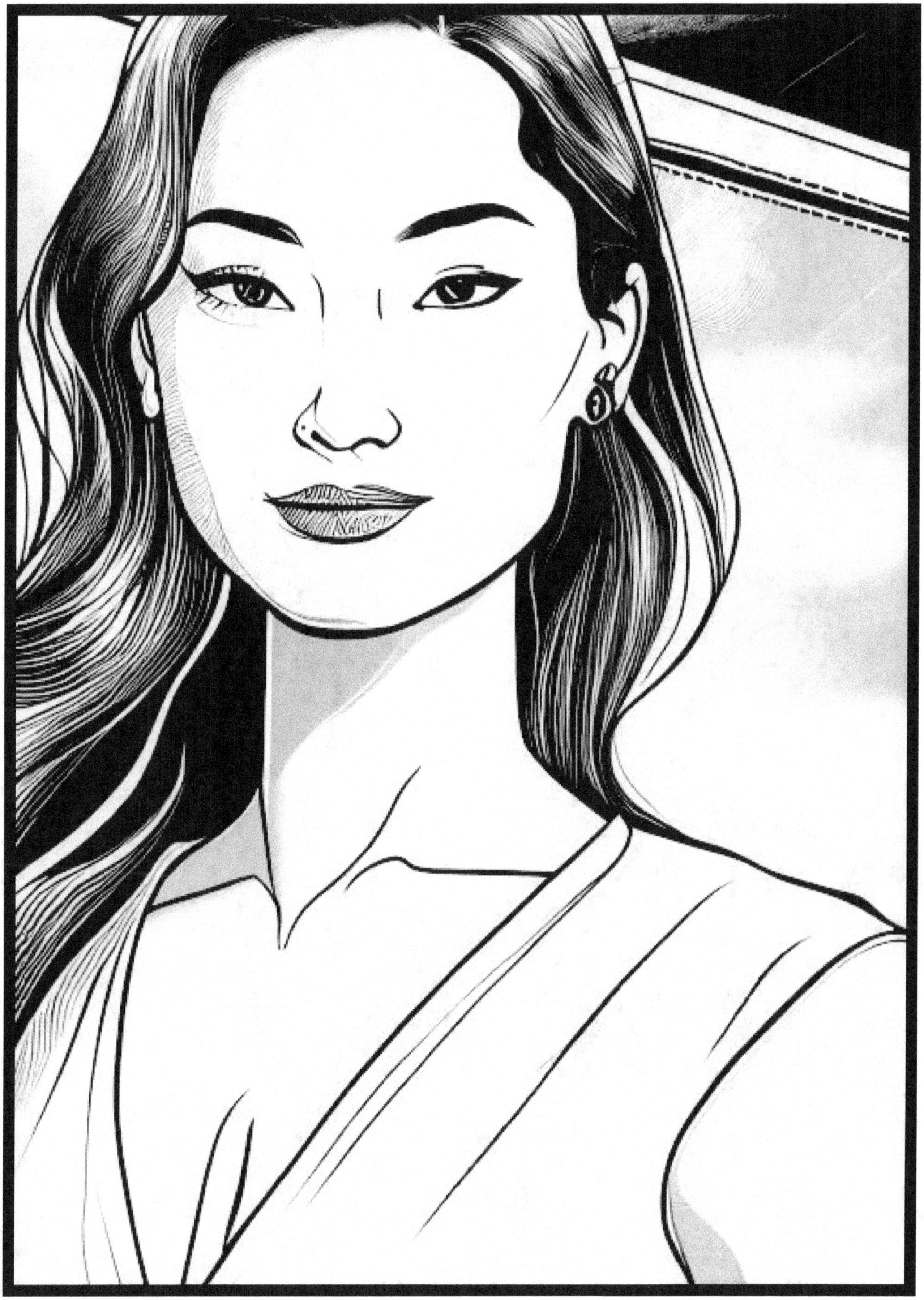

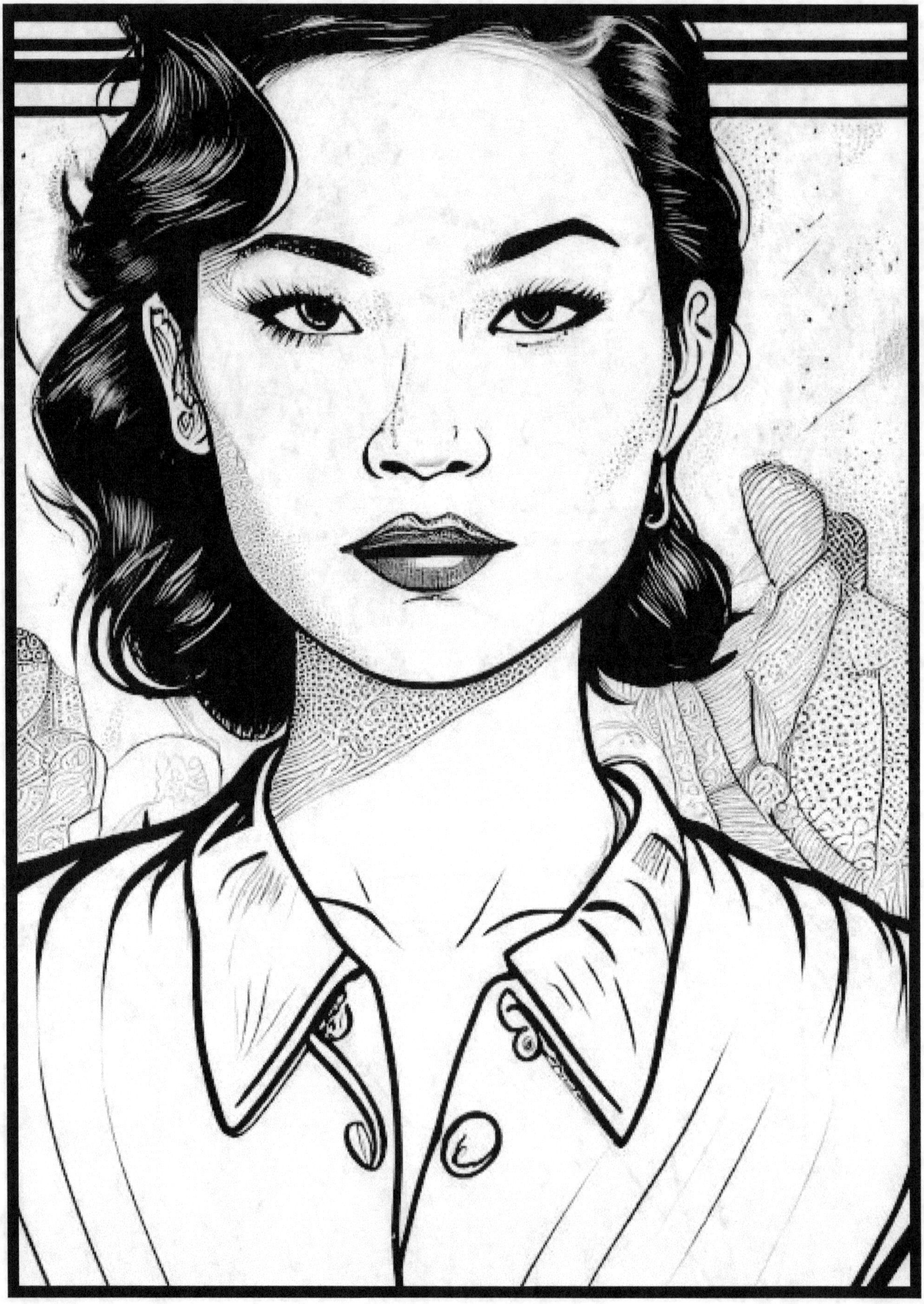

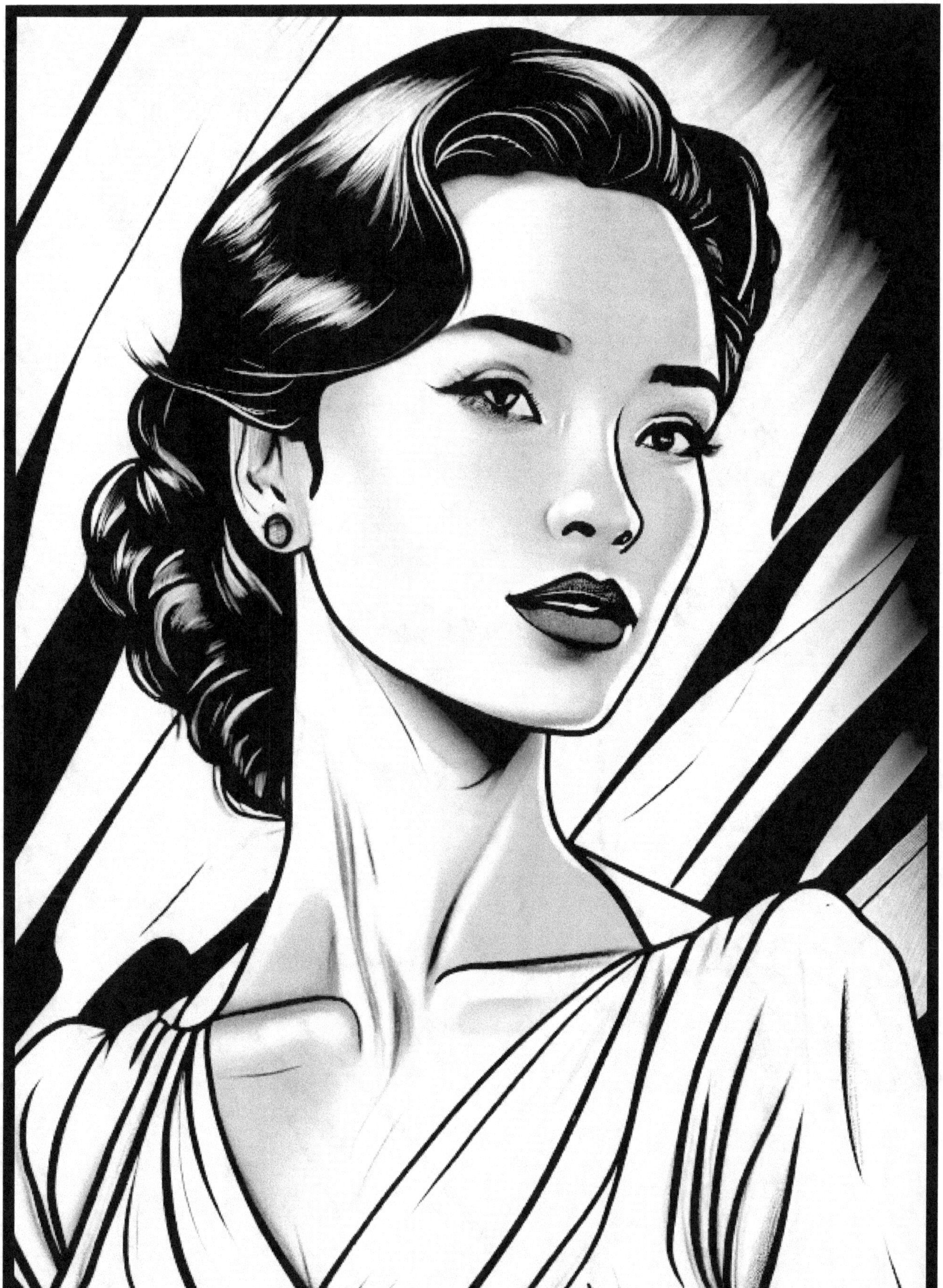

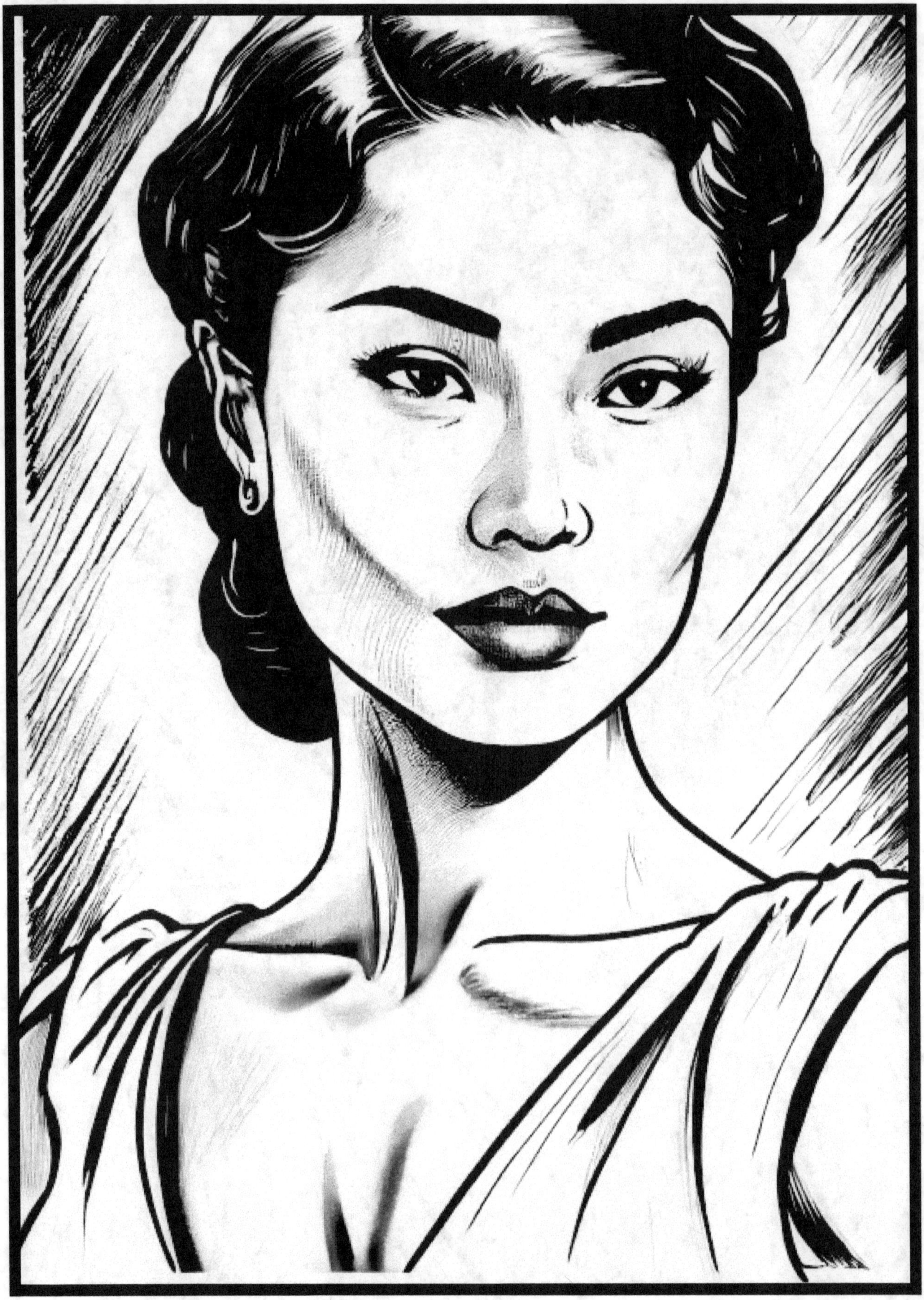

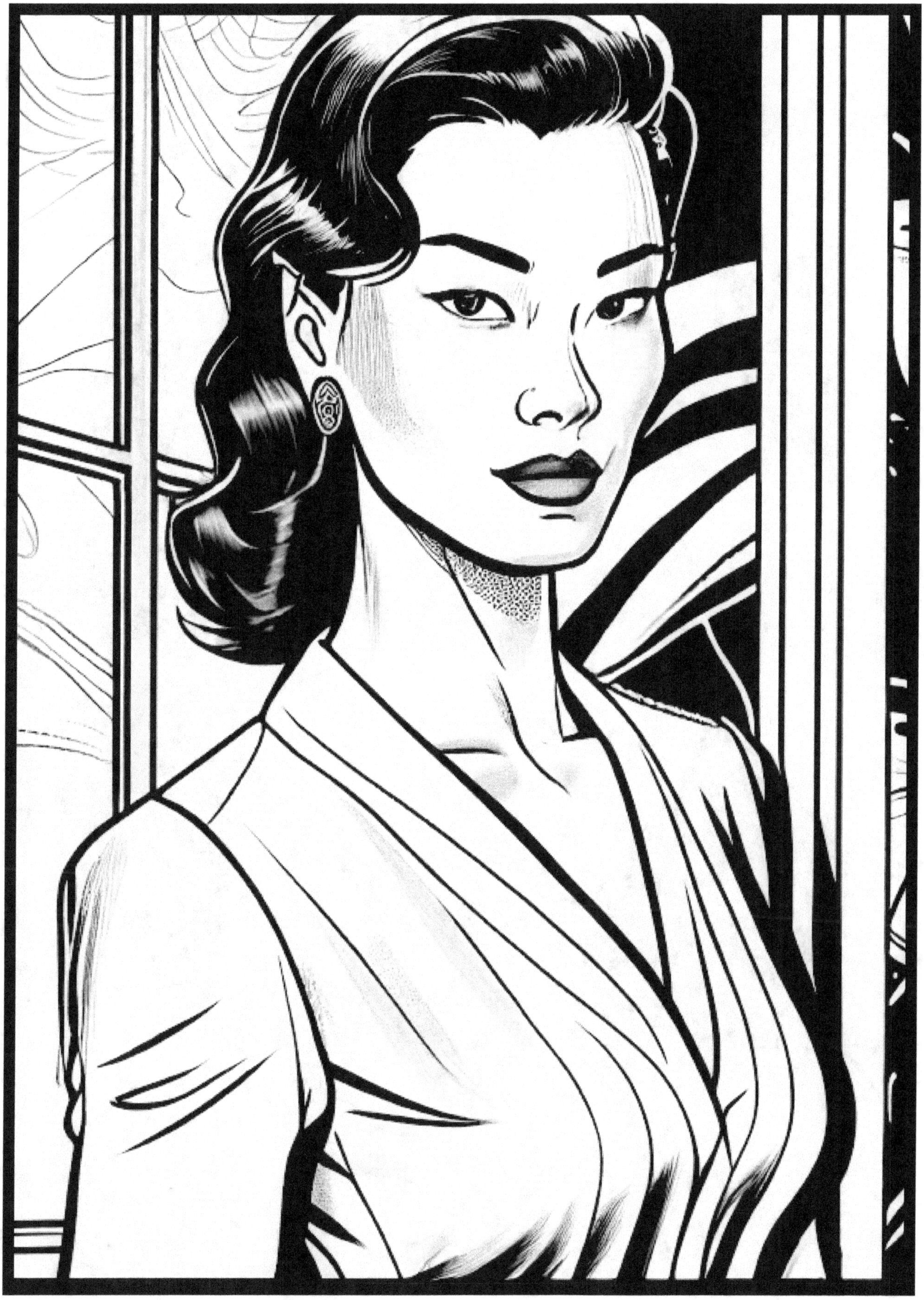

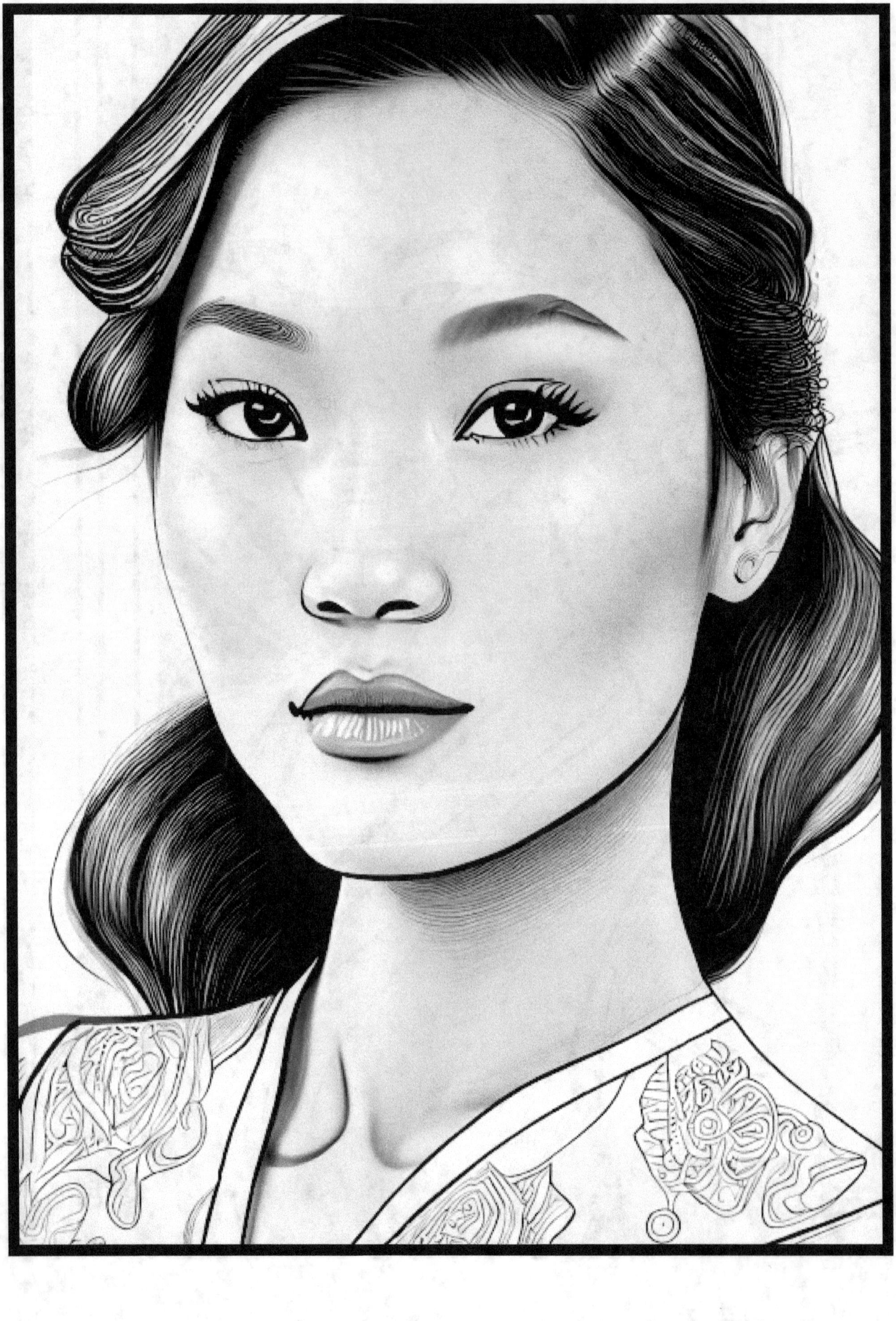

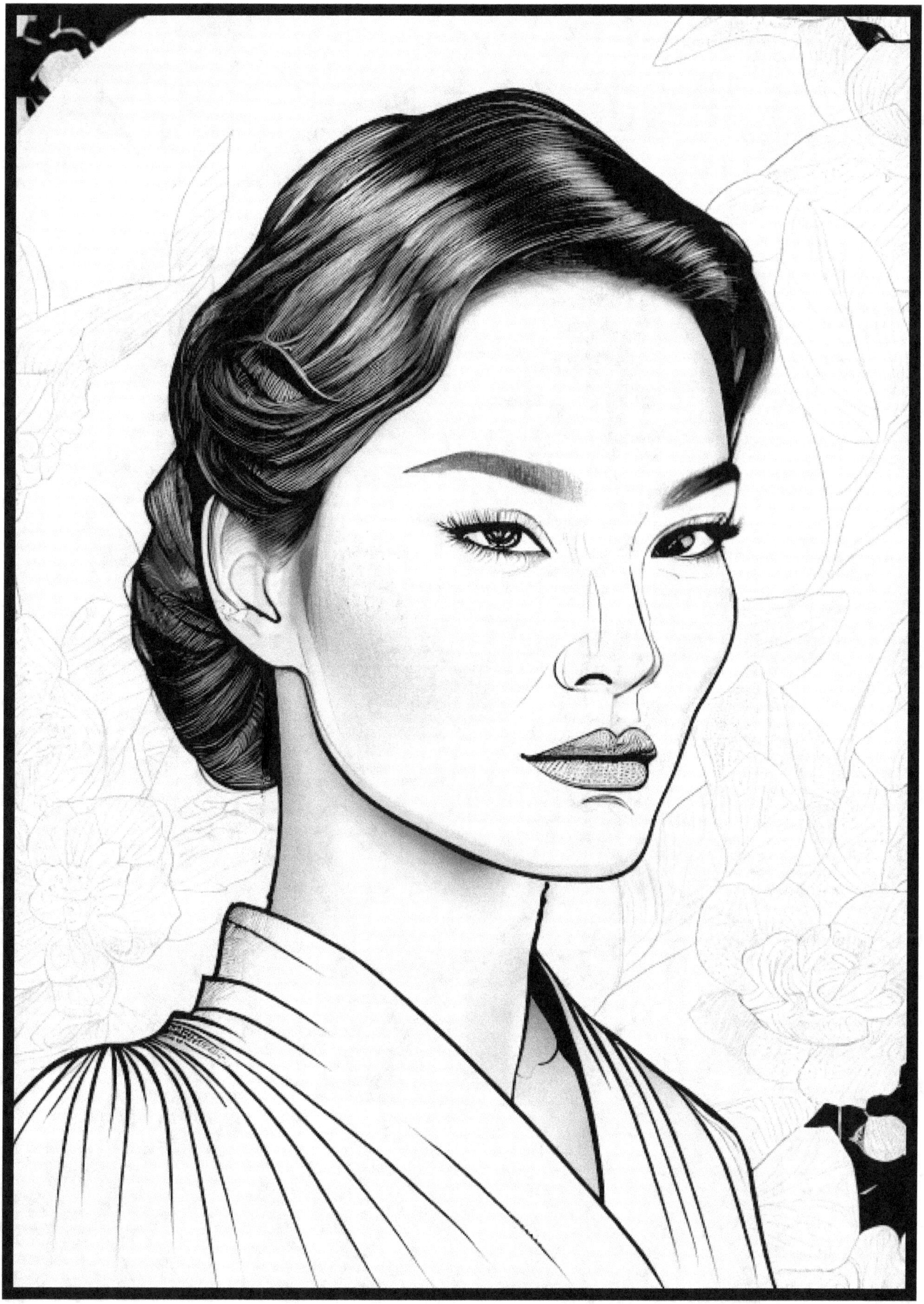

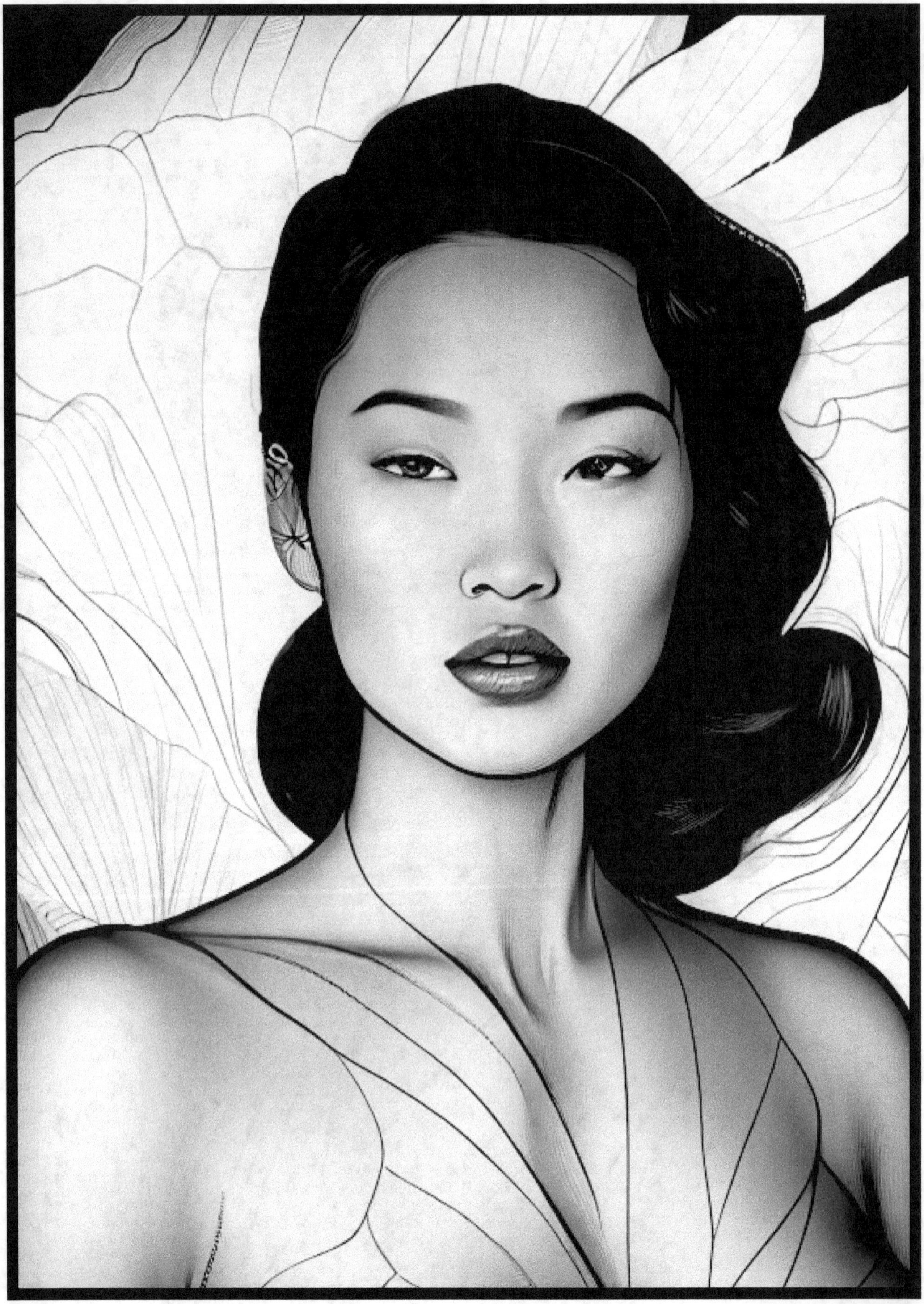

www.ingramcontent.com/pod-product-compliance
Lightning Source LLC
Chambersburg PA
CBHW082154230526
45467CB00044B/3363
* 9 7 9 8 3 9 0 3 2 3 4 5 8 *